THE SIXTY-YEAR JOURNEY OF MODERN SINGAPORE

小國大智慧的故事
The Strategic Wisdom of a Small Nation

新加坡
六十年

CHEN-YUAN TUNG
童振源
——著——

序言
新加坡六十年的啟示：
唯才是用、良善治理與社會和諧

今（2025）年是新加坡獨立六十週年。這個被稱為「小紅點」的城市國家，在短短六十年間，於全球舞台上屢創佳績，於多項指標中名列世界前茅，在亞洲居領導地位。新加坡在各方面都展現了令人矚目的發展成就，其成功經驗值得深入探討。

1965年，土地581平方公里、人口189萬的新加坡被迫脫離馬來西亞聯邦獨立，面臨國土狹小、資源匱乏、種族衝突、外在威脅等多重挑戰。然而，憑藉卓越的高效治理與前瞻的全球化策略，新加坡成功轉型為全球經濟與金融中心，成為亞洲乃至全球最發達的國家之一。

這本書，便是想回應一個核心問題：新加坡如何在建國初期處於劣勢條件與面臨嚴峻挑戰下，轉型為全球領先的現代化國家？

這樣的提問，對我個人而言，帶有特別的情感與時代意義。到新加坡任職將近兩年，雖然公務繁忙，但每天行走在這座城市中，親身體驗它的節奏、秩序與效率，深感這個小國家蘊含著豐沛的治理智慧。新加坡的成就並非偶然，而是政府長期奉行唯才是用（Meritocracy）、推動良善治理（good governance）並致力於維護社會和諧（social harmony）所共同孕育的成果。

我深知，自己僅在新加坡生活兩年，所見所聞仍屬有限。對於這個國家的歷史脈絡與深層文化，我仍在學習之中，但也正因為新來乍

到,五感全開,受到強力的啟發,感觸良多。今年是新加坡建國六十週年,一個極具象徵意義的時刻。我藉此良機整理出自己對新加坡發展經驗的初步理解與反思,除了分享「他者」視角的觀察,也表達對新加坡六十年成就的敬意。

新加坡的經濟發展非常亮眼。2024年,新加坡的名目國內生產毛額(GDP)高達7,314億新幣(約5,477億美元),1965年至2024年間,年均複合經濟成長率為7.0%,實質GDP約10.5年增長一倍。人均GDP從1965年的1,581新幣(約516美元)增長至2024年的121,161新幣(約90,689美元),年均複合成長率為7.5%,約9.6年便能翻倍。簡而言之,新加坡立國六十年以來,無論國家或個人的財富,平均每十年都能翻倍成長。

新加坡政府採取「出口導向、吸引外資、追求開放」的經濟發展模式。2024年新加坡在全球經濟自由度排名第一。1965年至2024年間,新加坡對外貿易的年均複合成長率高達10.0%,約7.3年實現翻倍。

此外,2023年外商直接投資新加坡累計金額突破2.8兆新幣,年均複合成長率高達15.1%,不到五年便翻倍;當年吸引外商直接投資達1,597億美元,全球排名第三,僅次於美國與中國,而且僅僅落後中國36億美元。同時,資產管理規模達4.1兆美元,首次超越香港,成為亞洲最大金融中心。

2025年美國變化莫測的關稅政策,將國際局勢推向充滿不確定的階段,新加坡總理黃循財4月4日透過社媒發表全國談話,提醒全球化和自由貿易趨勢已經逆轉,在更具保護主義的時代,新加坡這類小型開放經濟體因為對貿易依賴度極高,面臨著被擠壓、被邊緣化、被拋棄的風險。面對變局,黃循財總理提醒全國國民必須憑藉財政儲備、社會凝聚力和堅定決心,比其他國家做好更多準備迎接衝擊。

由副總理兼貿工部長顏金勇領導的新加坡經濟韌性小組隨即成立，並在4月16日舉行首次會議，制定三大重點工作項目，從信息共享、短期援助及長期戰略規劃，協助本地企業和員工，尤其是中小企業熬過關稅難關。

此次國際貿易體系的新危機，是對小國領導力及國民韌性的考驗，新加坡政府能迅速回應正是六十年來高效治理的證明。新加坡政府一向重視政務官的領導能力，透過高薪吸引頂尖人才，降低貪污風險，還建立了一套參考市場薪酬、以績效為導向的薪酬制度，確保政府施政成效。此外，新加坡政府致力於培育專業公共管理人才，並強調跨部會整合全才，以提升政府效能。

然而，新加坡的成功並不僅止於經濟與效率，更深層的基礎，在於社會的穩定、族群的和諧與國民的凝聚力。

作為一個多種族、多語言、多宗教的社會，新加坡建國之初便面臨激烈的種族衝突與社會分裂風險。政府因而制定一系列政策來推動融合與和諧，從國家的語言政策、公共住房的族群配額制度，到國民服役制度的全民參與，這些設計不僅促進社會和諧，更逐步建立起跨族群的國家認同感。

這套制度背後，是一種深切的體認：一個小國若內部不穩，就無從在外部世界中立足；沒有社會凝聚力，便難以維持政治穩定與推動經濟發展。

在應對全球挑戰方面，新加坡政府採取多項策略。保持穩健的財政與貨幣政策，推動創新與轉型，重視教育與人才培養，並透過公私協力提升治理效能。同時，新加坡政府強調三大核心策略提升經濟競爭力，包括提升科技與創新能力、強化企業生態系統、克服基礎設施與資源限制。

在國防方面，新加坡持續強化自主防衛能力，近幾年國防預算約占政府總預算的五分之一、約占GDP的3%，同時全民服役制度強化了國民對國家的認同感與責任感。

在外交方面，新加坡堅持不選邊站、多邊主義與一致性原則，強調可信、透明與長期夥伴關係，使其在大國博弈與區域合作中維持獨立而有利的戰略地位。

在人才方面，各部會提供相當多名額的獎學金，讓優秀學生到國內外著名大學深造，再回來政府部門服務，後續也有完善的人才晉升與政務官培育制度。這不只是人才培養，更是確保國家的治理品質得以延續與升級。

在住宅方面，根據《小紅點 大格局》一書的描述，1965年新加坡獨立時，79%的人口住在貧民窟。到了1985年，新加坡成為首個沒有貧民窟與棚戶區的亞洲城市，1989年已經有87%的人民住在政府組屋。[1] 2023年，77.8%的家戶居住在約120萬套組屋中，新加坡國民擁有自有住宅的比例高達89.7%。

新加坡政府在教育制度、人力資本、產業轉型、基礎建設等領域，亦採取前瞻性的策略與措施，包括個人化教育、終身學習、AI與能源基礎設施投資、生技醫療與半導體研發投資、填海造陸與海空港口擴建，並善用國家主權基金進行長期布局，保障國家財政永續。

我無意將新加坡經驗理想化，它也有面對的問題與挑戰，例如國土狹小、少子化與老齡化、新移民與原居民之間的相互調和、物價高漲、社會競爭壓力、氣候變遷、能源轉型挑戰，以及近年反全球化浪潮下逐漸增高的貿易壁壘。新加坡這個小國正以累積了六十年的大智

---

[1] 劉太格主編，《小紅點 大格局》（新加坡：宜居城市中心，2016），頁33、54。

慧積極回應，這些治理經驗的確值得每一個正在追尋改革與進步的國家細細琢磨。

新加坡走過的六十年，讓我們看見一個核心事實：國家的命運，不只取決於資源、人口或地理，最重要的是人才培育與唯才是用。新加坡培育人才、吸引人才、運用人才、尊重人才，讓政治、經濟、社會、文化等各個層面都有頂尖專業人才帶領，進而創造今日的新加坡盛世。

例如，被譽為「新加坡組屋之父」的劉太格，於1969年在新加坡政府的邀請下，從美國返國，加入建屋發展局，服務20年，其中10年擔任局長。在這段期間，他曾與建國總理李光耀進行過約20多次的一對一的午餐會談，每次約一小時。李總理平均每次會提出三個課題，包括他的一些新策略，有些策略劉太格不同意，經解釋後，李光耀總理最終都會欣然接受。

回顧這段歷史，劉太格深有感觸地向我說道：「新加坡的最高領導不是總理，不是總統，而是真理。」另外，劉太格在主編的《小紅點 大格局》書中也直言：「新加坡的成功也是人才戰略的成功，正是這一大批優秀公務員的奉獻付出才有了今天的新加坡。」[2]

本書旨在剖析新加坡建國六十年來的發展經驗，內容共分為十大主題、六十篇文章，立體呈現新加坡的治理模式與發展成果。首先以「總論」開篇，總覽新加坡從貧困小島崛起為全球經濟強國的歷程。接續探討其成功核心——「政府治理」，繼而分析新加坡在動盪國際局勢中的「外交與國防」策略。

在發展層面，本書涵蓋「經濟發展」的布局與因應挑戰，以及

---

[2] 劉太格主編，《小紅點 大格局》（新加坡：宜居城市中心，2016），頁4。

對「生產要素」如土地、水資源、能源與人力的有效整合。「教育制度」深入剖析人才培育策略，而「科技創新」則聚焦於數位轉型與環境永續。

「城市規劃」展現新加坡在住房、交通與綠色永續上的遠見執行；「社會和諧」探討多元族群間的融合機制與法制保障；最後，「觀光與文化」說明如何以軟實力與國際行銷，塑造兼具魅力與競爭力的國家品牌。

新加坡獨立六十年的關鍵時刻，我希望與讀者分享自己觀察到的新加坡發展經驗、制度理念與政策智慧，也衷心祝福新加坡在現有的堅實基礎下，面對反全球化的驚濤駭浪能繼續順利破浪前行。

謹以此書，表達我對新加坡六十年卓越成就的敬意，亦作為讀者理解其崛起歷程的重要參考。

最後，我要誠摯感謝出版社同仁的卓越編輯與傑出設計，亦特別向吳英成教授及其夫人江靜芳女士致上深深謝意。兩位不僅協助校對與潤飾草稿，提升文字的準確性與流暢度，更細緻補充資料，使全書內容更加貼近新加坡的實況。他們傾注心力的協助，是一份沉甸甸的情誼與溫暖，我將銘記在心。

駐新加坡代表　童振源

2025年4月20日

目次

序　言　新加坡六十年的啟示：唯才是用、良善治理與社會和諧／童振源・3

01 總論
第 1 章　崛起：從貧困小島到世界經濟強國・14
第 2 章　小紅點：發展成就位列世界前茅・24
第 3 章　李顯龍分析新加坡成功六因素・36

02 政府治理篇
第 4 章　國家領導人養成制度三特色・40
第 5 章　政務官薪酬制度：高薪攬才，廉能治國・43
第 6 章　獎學金計畫：吸引卓越人才投身公共服務・46
第 7 章　官員借調計劃：強化公私部門與國際合作・48
第 8 章　公私部門分工的成功典範：Certis CISCO與CBM・50

03 外交與國防篇
第 9 章　面對全球變局的外交新方略・54
第10章　外交部長談國際新秩序的應對策略・57
第11章　蘭花外交：軟實力展現與國際友誼的橋樑・63
第12章　以實力捍衛和平：躋身全球最和平國家之列・66

04 經濟發展篇

第13章　2025預算案應對全球經濟變局・74

第14章　四項策略確保經濟持續成長・78

第15章　主權基金高獲利 貢獻五分之一財政收入・82

第16章　數位經濟飛速增長 比金融業更重要・88

第17章　重塑亞洲資產管理版圖・93

第18章　外資吸引力大爆發 新加坡跑贏香港・97

第19章　創業生態系 疫情後躍升亞洲第一・102

第20章　獨角獸生態系：東南亞新創企業的成長熱點・107

第21章　大士超級港：鞏固世界航運與物流樞紐地位・111

第22章　半導體產業蓬勃發展 臺灣是重要合作夥伴・115

第23章　星展銀行嚴格的治理機制：績效與責任並重・121

05 生產要素篇

第24章　填海造陸的國土持續進化・126

第25章　實現水資源自給：科技創新與環境改造雙管齊下・132

第26章　能源轉型：既是艱鉅挑戰也是龐大商機・137

第27章　加強人力資本投資 提升技能與薪資・140

第28章　吸引國際人才：兩年超過10萬專業人士進駐・143

第29章　外來人才的成功範例：Sea與Grab・148

06　教育制度篇

第30章　九大教育方針應對AI浪潮與國際新局・**156**
第31章　國際學術諮詢小組在大學的關鍵角色・**161**
第32章　兩所大學國際排名領先之要訣・**164**
第33章　培育人才與國家發展相得益彰・**168**
第34章　教育成為全球化服務業・**170**
第35章　黃金課程的成功範例：國際漢語教學碩士學程・**173**
第36章　教師的實習新模式：走出校園，接軌產業・**175**

07　科技創新篇

第37章　數碼轉型辦事處解決老人與攤販的數位落差・**178**
第38章　智慧快速通關 安全控管不打折・**180**
第39章　無蚊奇蹟：科技與環保並行的滅蚊戰略・**183**
第40章　大學圖書館的數位轉型・**186**
第41章　多元戰略與數位科技 確保糧食安全・**189**
第42章　現代漁村的成功範例：百美海洋牧場・**193**

08　城市規劃篇

第43章　人人買得起、付得起、願意長住的組屋・**198**
第44章　社會工程師劉太格 奠定盛世基礎・**204**

目次　11

第45章　樂齡組屋的成功案例：在海軍部村莊養生・**207**

第46章　新加坡河 從黑水河到世界級地標・**209**

第47章　從城市規劃到價格機制 確保交通順暢・**213**

第48章　三項人性化的交通措施・**217**

第49章　從「花園城市」到「自然中的城市」・**220**

09　社會和諧篇

第50章　多種族融合共存 打造公民國家認同・**226**

第51章　歡騰國慶盛典 信約凝聚全民共識・**229**

第52章　守護國家：防止外來干預・**234**

第53章　立法防止外力破壞種族和諧・**236**

第54章　立法限制可疑轉帳 對抗猖獗詐騙・**238**

10　觀光與文化篇

第55章　精準策略打造全球頂尖旅遊勝地・**242**

第56章　口碑行銷與名人加持強化觀光魅力・**249**

第57章　F1賽車帶動國際觀光與全球商機・**255**

第58章　補助泰勒絲演唱會穩賺不賠・**258**

第59章　平民小吃 vs. 頂級奢華餐飲・**261**

第60章　熟食中心的道地南洋美食・**264**

「總論」

第 1 章　崛起：
從貧困小島到世界經濟強國

今（2025）年是新加坡獨立六十週年，這座彈丸之地憑藉卓越的國際化與全球化策略，成功從資源匱乏、內憂外患的貧困小島，蛻變為繁榮昌盛的世界經濟強國，轉型歷程堪稱世界奇蹟。

1965年8月9日，新加坡被迫脫離馬來西亞聯邦獨立，李光耀在電視記者會上淚流滿面、哽咽地宣布新加坡正式成為主權獨立的國家。當時的人民並未因獨立而欣喜，反而對未來前途憂心忡忡。

當時的新加坡僅有581平方公里的土地，人口189萬，資源極度匱乏，甚至連水都仰賴馬來西亞供應，缺乏腹地與製造業。內部面臨種族衝突、罷工頻繁、共產勢力活躍、失業率居高不下等問題，導致社會動盪不安，貧困與落後成為當時的真實寫照。外部則面對來自印尼的武力攻擊及馬來西亞的猜忌。

國際社會對新加坡的未來普遍悲觀，許多媒體甚至質疑其是否能夠存續。例如，1965年8月10日，即新加坡獨立後的第二天，《雪梨先驅晨報》刊登了一篇文章：「三年前，獨立的新加坡被認為不可行。而當前的形勢表明，今天新加坡的獨立並不可行。」[1]

新加坡面對的挑戰接踵而至。馬來西亞威脅切斷水源，以迫使新加坡配合其外交政策；印尼則切斷新加坡南部腹地的聯繫，使其傳統的轉口貿易地位進一步削弱。1968年，英國宣布撤出新加坡駐軍，導

---

[1] https://www.pmo.gov.sg/Newsroom/PM-Lawrence-Wong-at-the-Official-Launch-of-Biography-of-S-Rajaratnam-Volume-2。

致數以千計的相關行業人員失業,甚至有五分之一的經濟活動面臨停滯的風險。

然而,經過六十年的努力奮鬥,新加坡從一個困難重重、孤立無援的島國,成功轉型為全球經濟與金融中心,成為亞洲乃至全球最發達的國家之一。一般而言,30年為一代,下文先通過兩個表格及相關統計數字證明,新加坡如何歷經兩個世代,便逐步翻轉人民生活水準;之後聚焦新加坡的貿易數據,了解政府在獨立後做出的戰略決策,如何將新加坡打造成最早運用全球化商機的成功經濟體。

新加坡的名目國內生產毛額(GDP)從1965年的30億新幣成長至2024年的7,314億新幣(約5,477億美元),年均複合成長率高達11.6%,名目GDP約6.3年便能翻倍。同期,實質GDP的年均複合成長率為6.8%,實質GDP則約10.5年便會增長一倍。

1965年8月9日,新加坡建國總理李光耀宣布獨立、成立新加坡共和國的記者會
資料來源:徐宗懋授權。

一、新加坡發展數據：1965-2024

	1965	1995	2024	複合年均成長率或平均值
GDP（十億新幣）	3.0	124.5	731.4	11.6%
經濟成長率	10.2%	7.2%	4.4%	7.0%
人均GDP（新幣）	1,581	35,314	121,161	7.5%
人均GDP（美元）	516	24,915	90,689	9.0%
Gini係數[a]	n.a.	0.414[b]	0.364	0.408[c]
失業率	9.0%[d]	1.7%	1.7%	3.0%[e]
通貨膨脹率[f]	0.4	0.5	0.7	1.3
識字率	60.2%	90.8%	97.6%[g]	
預期壽命	64.5	76.3	83.0	
貿易/GDP	258%	345%	322%	322%
外商直接投資（存量，十億新幣）	1.4[h]	92.8	2,843.1[i]	15.1%
對外直接投資（存量，十億新幣）	n.a.	49.6	1,523.3[j]	12.5%[j]
財政/GDP	n.a.	3.5%[k]	0.9%	0.3%[l]
外匯儲備（十億新幣）	4.1[m]	97.3	506.7	9.5%[n]
政府外債	n.a.	n.a.	0	0

說明：a. 此Gini係數是計入政府轉移補貼與徵稅。b. 2000年資料。c. 2000-2024年平均值。d. 1966年資料。e. 1966-2024年平均值。f. 該年下半年資料。g. 2021年資料。h. 1970年資料。i. 2023年資料。j. 1995-2023年資料。k. 1997年資料。l. 1997-2024年資料。m. 1972年1月資料。n. 1972-2024年資料。

資料來源：Department of Statistics (Singapore), https://www.singstat.gov.sg/.

在個人所得方面,人均GDP從1965年的1,581新幣(約516美元)增長至2024年的121,161新幣(約90,689美元),年均複合成長率分別為7.5%(以美元計價則為9.0%)。以新幣計算,人均GDP約9.6年便能翻倍,而以美元計算則只需8年即可翻倍。

儘管人均所得快速成長,但新加坡並未走入貧富差距擴大的不歸路,近年來當局致力改善所得分配不均的問題。2000年,新加坡所得分配的不均程度(Gini 係數)為0.414,在2007年攀升至0.439的高點,然而到2024年,Gini 係數下降至0.364,顯示所得分配已明顯改善。政府透過轉移支付與稅收政策,在調整所得分配方面發揮了關鍵作用。例如,2024年政府對每位居民的平均轉移支付為7,825新幣,其中弱勢居民獲得16,805新幣,較富裕的居民僅獲得4,447新幣。

在就業市場方面,1965年的失業率高達兩位數,1966年仍為9.0%,至1970年降至8.3%,1973年更快速下降至4.4%。1995年時,失業率已降至1.7%,並在2024年維持於同樣水準。

物價方面,新加坡的通貨膨脹率一直保持在溫和範圍內。1965年下半年僅為0.4%,2024年為0.7%,歷年平均僅1.3%。

識字率亦顯著提升,從1965年的60.2%增長至1995年的90.8%,2021年更達到97.6%。預期壽命也從1965年的64.5歲提升至1995年的76.3歲,再進一步增長至2024年的83.0歲。

在對外經濟方面,新加坡長期扮演貿易轉運港口的角色,並逐步進化為跨國企業營運中心。1965年貿易占GDP的比重已達258%,1995年提升至345%,2024年則為322%。1965年至2024年,新加坡貿易占GDP的比重平均為322%。

新加坡自立國以來便積極吸引外商投資。1970年,外商直接投資累計金額為14億新幣,1995年增至928億新幣,而至2023年則大幅增

長近30倍至2兆8,431億新幣。

此外，新加坡在1990年代中期後開始積極對外投資。1995年對外投資累計金額為496億新幣，至2023年增加近30倍至1兆5,233億新幣。

新加坡向來採取審慎穩健的財政政策。1997年，新加坡財政盈餘占GDP的比重為3.5%，2024年則為0.9%，1997年至2024年間的平均值為0.3%。

新加坡的外匯儲備則從1972年的41億新幣增至1995年的973億新幣，至2024年則增至5,067億新幣，年均複合成長率達9.5%。此外，自2003年至2024年底，新加坡政府均未背負任何外債。

二、新加坡的經濟成長率、失業率與通貨膨脹率：1965-2024

年代	經濟成長率	失業率	通貨膨脹率
1965-1969	11.6%	9.0%[a]	0.6%
1970-1979	9.2%	4.5%	2.9%
1980-1989	7.8%	3.6%	1.3%
1990-1999	7.2%	1.9%	0.9%
2000-2009	5.4%	3.0%	0.8%
2010-2019	5.0%	2.1%	0.8%
2000-2024	3.3%	2.4%	1.6%
1965-2024	7.0%	3.0%	1.3%

說明：a. 1966年資料。
資料來源：Department of Statistics (Singapore), https://www.singstat.gov.sg/.

第二個表格可看出，新加坡六十年來在艱困的環境下，依然保持穩定的高經濟成長、低失業率與極低的通貨膨脹率，年均複合經濟成長率為7.0%，年均失業率為3.0%，年均通貨膨漲率為1.3%。

1965至1969年間,新加坡的經濟增長迅速,平均達11.6%,失業率在1970年仍達8.3%,通貨膨脹率則維持在0.6%的低水準。1970年代,平均經濟成長率降至9.2%,但失業率顯著降低至4.5%,通貨膨脹率則稍微提高至2.9%。1980至1999年間,平均經濟成長率維持在7%以上,失業率與通貨膨脹率均持續下降。2000至2019年間,平均經濟成長率維持在5%以上,失業率與通貨膨脹率大致與前期相當。

　　新加坡是最早且最成功地運用全球化機遇的經濟體之一,主因在於政府在獨立後做出的兩項戰略決策,皆與當時的主流經濟觀念不同:第一,捨棄進口替代政策,改採出口導向的工業化發展模式;第二,提供大量投資誘因,並採取高效行政措施,吸引跨國企業進駐。下文透過外貿及投資數據,檢驗六十年來的亮眼成績。

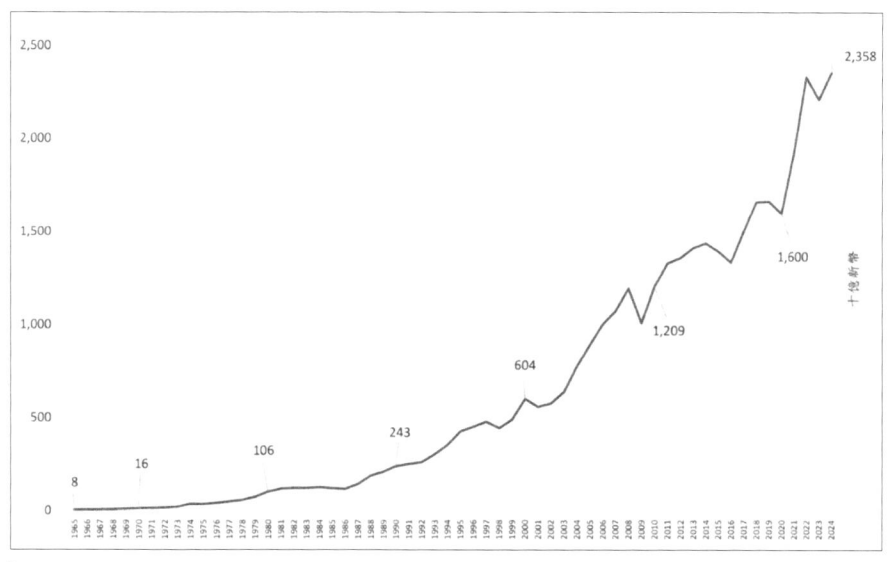

新加坡對外貿易(商品與服務)金額:1965-2024
資料來源:Department of Statistics (Singapore), https://www.singstat.gov.sg/.

第1章　崛起:從貧困小島到世界經濟強國　19

自1965年以來,新加坡的對外貿易(涵蓋商品與服務)呈現驚人的增長。當年貿易總額僅為8億新幣,至1970年便翻倍至16億新幣。到了1980年,更大幅成長5.6倍,達到106億新幣。進入1990年,貿易額再度倍增至243億新幣,2000年進一步攀升1.5倍至604億新幣。2010年,貿易總額再增一倍,突破1,209億新幣,而至2024年,更幾乎再翻倍至2,358億新幣。綜觀1965年至2024年的發展,新加坡對外貿易的年均複合成長率高達10.0%,相當於每約7.3年便實現翻倍成長,充分展現其驚人的全球競爭力。

　　在吸引外資方面,1967年新加坡政府通過《經濟擴張獎勵法案》,為外商提供租稅減免優惠。自1968年起,新加坡經濟發展局專注於吸引跨國公司投資。1970年,新加坡累計吸引的外商直接投資存量僅為14億新幣,至1980年增長7倍達112億新幣;1990年再成長3.7倍

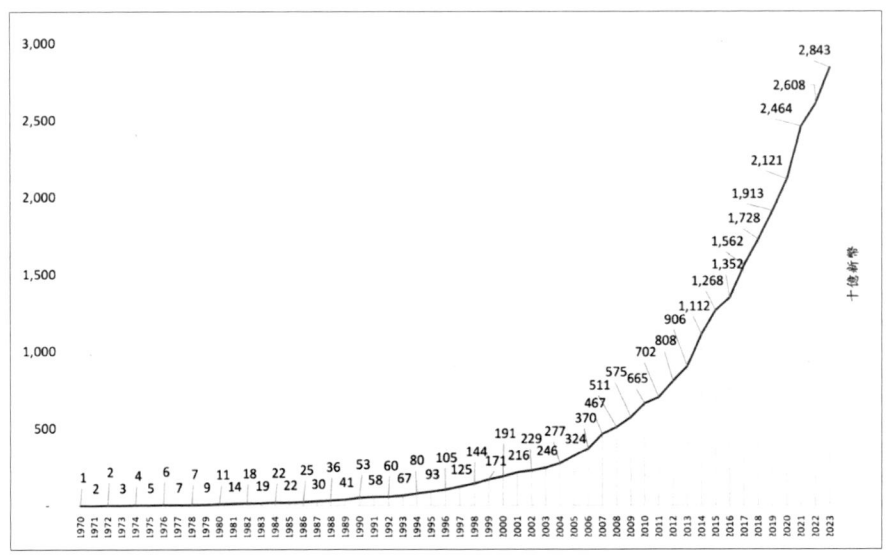

新加坡的外商直接投資存量(年底):1970-2023
資料來源:Department of Statistics (Singapore), https://www.singstat.gov.sg/.

至532億新幣；2000年進一步增加2.6倍至1,915億新幣；2010年再翻2.5倍達6,651億新幣；截至2024年，存量更成長3.3倍至28,431億新幣。新加坡吸引外資存量的年均複合成長率高達15.1%，不到五年即可實現外資存量總額翻倍。

跨國企業對新加坡經濟的貢獻

	2022年	占新加坡經濟比重	項目
企業家數	23,119	7.7%	占全部企業家數比重
僱員（千人）	918.1	25.3%	占全部企業僱員比重
名目附加價值（十億新幣）	433.3	61.7%	占國內生產毛額比重
		68.2%	占全部企業比重
商品與服務出口（十億新幣）	892.6	78.0%	占全部出口比重
商品與服務進口（十億新幣）	814.8	79.5%	占全部進口比重

資料來源：Department of Statistics (Singapore), https://www.singstat.gov.sg/-/media/files/visualising_data/infographics/trade_and_investment/foreign-affiliates-in-singapore.ashx .

　　跨國企業在新加坡的經濟發展中扮演著至關重要的角色。根據新加坡政府最新統計，2022年全國共有23,119家跨國企業，占全部企業數量的7.7%，雇用91.8萬名員工，占全體企業僱員的25.3%。這些企業所創造的名目附加價值高達4,333億新幣，不僅占GDP的61.7%，更占所有企業附加價值的68.2%。此外，跨國企業的出口（包含商品與服務）總額達8,926億新幣，占全國出口總額的78.0%；進口總額則達8,148億新幣，占全國進口總額的79.5%。這些數據充分展現跨國企業對新加坡經濟的強大貢獻。

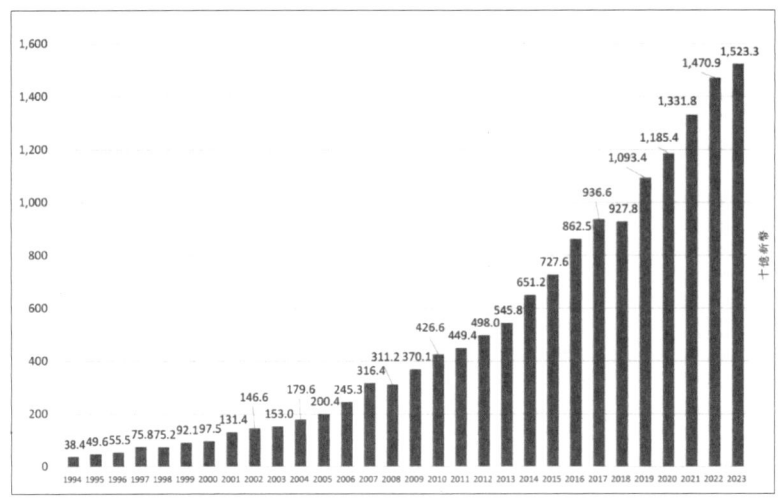

新加坡對外直接投資（存量）：1994-2023
資料來源：Department of Statistics (Singapore), https://www.singstat.gov.sg/.

　　自1990年代以來，新加坡的對外投資大幅加速。1994年，新加坡累計對外直接投資額達284億新幣；至2004年，增長5.3倍至1,796億新幣；2014年進一步增長2.6倍，達6,512億新幣；至2024年，再增加1.3倍，達15,233億新幣。整體而言，新加坡對外投資存量的年均複合成長率高達12.5%，使其在不到六年的時間內，即可實現對外投資總額翻倍。

　　1970至2023年間，新加坡的人均GDP成長顯著，與外商直接投資存量、對外直接投資存量、對外商品與服務貿易額密切相關。統計分析顯示，1970至2023年人均GDP與外商直接投資存量的皮爾森相關係數達95.4%，與對外直接投資存量的皮爾森相關係數（1994-2023年）為96.3%，與對外貿易額的皮爾森相關係數（1965-2023年）更高達98.4%，而且三組係數都達到統計顯著性（$p<0.05$）。

　　再以迴歸模型分析，解釋變數為外商直接投資存量、對外直接投資存量、商品與服務貿易額，依變數為人均GDP（美元），模型

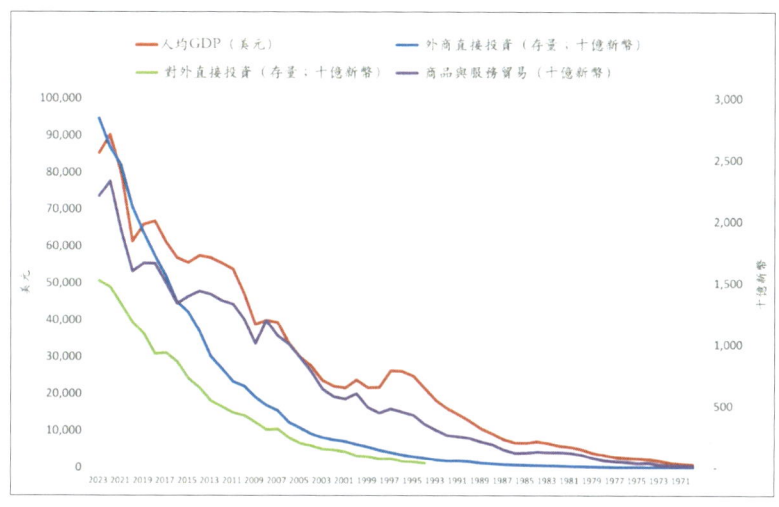

新加坡人均GDP與全球化：1970-2023
資料來源：Department of Statistics (Singapore), https://www.singstat.gov.sg/.

統計指標：Adjusted R-squared: 0.973（考量自由度調整後，模型解釋了97.3%的變異），F-statistic: 351.5，且具有統計顯著性（p<0.001），表明整體模型非常顯著。分析結果只有商品與服務貿易的係數達到26.71，高度顯著（p<0.001），顯示此變數對人均GDP有明顯正向影響；其他兩個變數均未達統計顯著，而且外商直接投資存量、對外直接投資存量存在多重共線性問題。

根據迴歸分析結果，商品與服務貿易對新加坡人均GDP影響最為明顯且穩定，而外商直接投資與對外直接投資雖然單獨與人均GDP具有高相關性，但在綜合分析下，可能存在交互影響或重疊效果，需要進一步分析。

總而言之，新加坡經濟受益於全球化，特別是對外貿易、外商直接投資與對外直接投資，這是新加坡從貧困小島轉變成為世界經濟強國的關鍵因素。

第 2 章　小紅點：
發展成就位列世界前茅

　　新加坡施政規劃緊隨全球化趨勢，2020年初爆發的跨國新冠疫情對這個高度開放的經濟體打擊也最慘烈，人流物流金流全面停擺，當局迅速施行嚴格的清零政策，全民配合管控措施，積極注射疫苗，即使確診病例上百萬，但病例死亡率近乎全球最低。疫情之後，新加坡再度振翅高飛，發展突飛猛進，2024年的許多指標不但位居世界前列，甚至在亞洲名列第一。

　　例如根據國際貨幣基金估算，新加坡的GDP總量從新冠疫情最嚴峻2020年的3,495億美元，成長51.9%至2024年的5,307億美元；人均GDP則從2020年的61,476美元增加45.4%，達到2024年的89,370美元。2023年統計顯示，新加坡人均GDP位居全球第五，穩居亞洲首位。

　　世界銀行的購買力平價數據也反映新加坡的經濟優勢。2020年新加坡人均GDP為115,304美元，已經超過香港（61,329美元）、韓國（46,507美元）與日本（43,238美元）。到2023年，新加坡人均GDP再增加12,239美元，達到127,544美元，繼續大幅領先香港（64,468美元）、韓國（50,572美元）與日本（46,158美元）。

　　新加坡與香港都曾是英國殖民地，同樣以國際金融、貿易、運輸和旅遊的中心樞紐見稱，1997香港主權移交中國的那一年，根據國際貨幣基金會的統計，兩城的人均GDP數字相當接近（新加坡是26,376美元；香港是27,215美元），到了2024年新加坡的人均GDP（89,370美元）已是將近香港（53,165美元）的1.7倍。

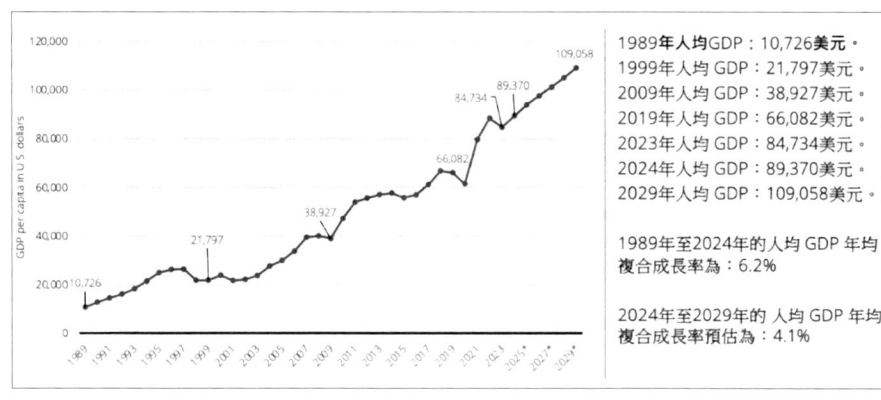

新加坡人均GDP：1989-2029
資料來源：Statista, Feb. 28, 2025.

　　新加坡在2023年的資產管理規模達40,940億美元，首次超越香港（39,930億美元），成為亞洲最大金融中心。新冠疫情也加速兩城資金流向改變的趨勢，自2020年至2023年，新加坡的管理資產增加16.3%（5,730億美元），反觀香港則減少11.4%（5,120億美元）。

　　家族辦公室數量方面，新加坡也在疫情之後躍升亞洲第一。2020年底，新加坡僅有400家家族辦公室，到2023年底增至1,400家，2024年底超過2,000家，年成長率超過42.9%，而且尚有約3,000家申請案待批。與此相比，2023年底香港僅有450家，預計2025年底將增至650家，顯示新加坡在吸引高淨值家族方面的顯著優勢。

　　另外，目前超過7,000家跨國企業在新加坡設立營運機構，其中4,200家設立區域總部，數量居亞洲城市之冠。相比之下，在香港設立亞洲總部的跨國企業數量，從2019年的1,500多家減少至2023年的1,366家，顯示企業正逐步將區域業務重心轉向新加坡。

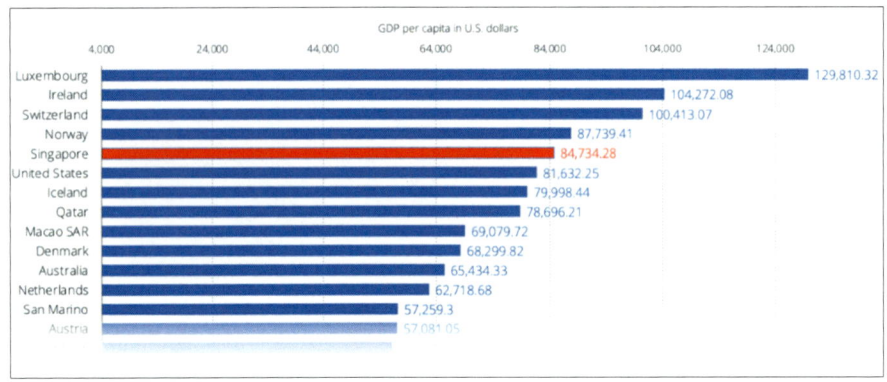

新加坡人均GDP全球排名：2023年
資料來源：Statista, Feb. 28, 2025.

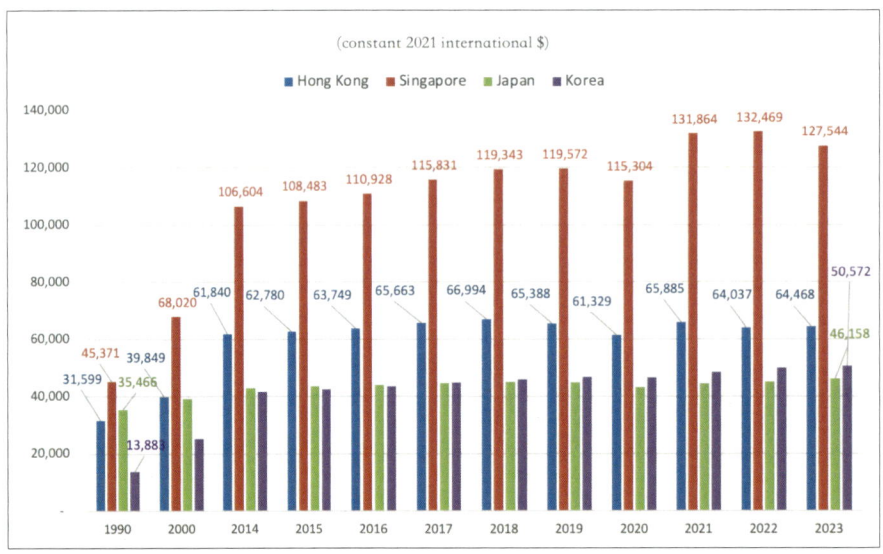

東亞四個經濟體的購買力平價人均GDP
資料來源：IMF。

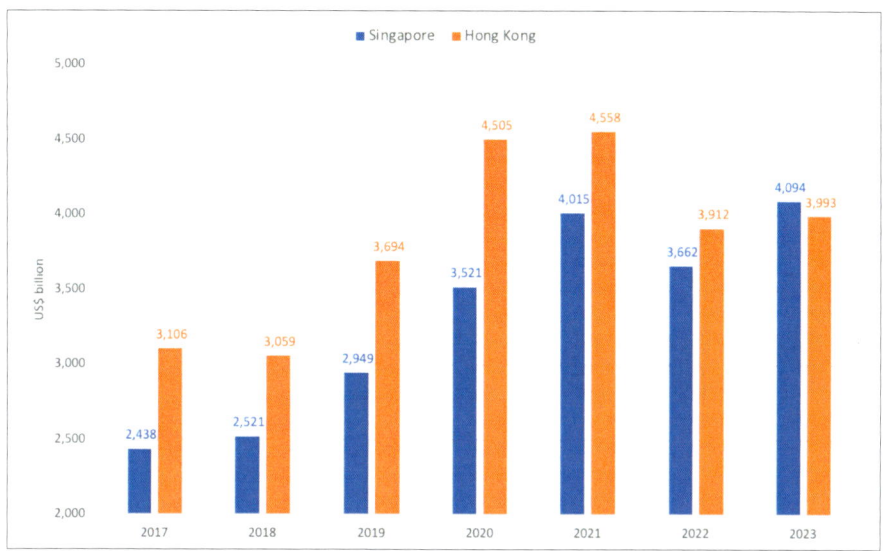

新加坡與香港的資產管理規模：2017-2023
資料來源：新加坡政府與香港政府。

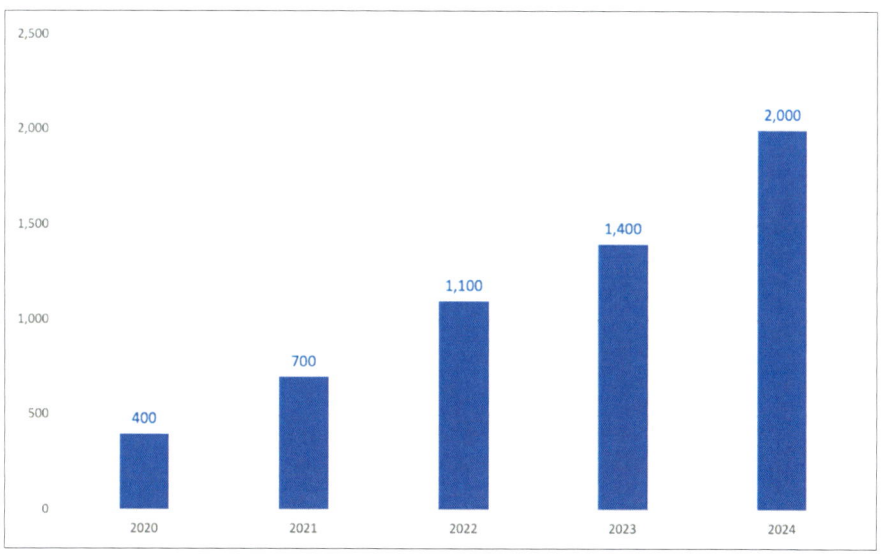

新加坡的家族辦公室數量：2020-2024
資料來源：新加坡政府。

經商友善環境

新加坡經濟能在遭受疫情嚴重打擊後迅速復原，得歸功於多年來打下的堅實基礎。世界銀行的經商環境報告在2021年因新冠疫情停掉，但新加坡之前在此報告中一直名列世界前兩名。2006-2016年，新加坡連續十年被評比為世界上經商最友善的國家，2017-2020年，新加坡連續四年被評比為世界第二名經商友善的國家，僅次於紐西蘭，被評比的經濟體有190個。

經濟自由度

根據「傳統基金會」發布的2024年度經濟自由指數，全球經濟自由度最高的國家為新加坡。新加坡從1995-2019年名列世界第二名經濟自由度最高的國家，2020-2024年新加坡都是全球經濟自由度最高的國家。

外資吸引力

聯合國數據顯示，新加坡在2020年吸引外商直接投資749億美元，並在2023年增至1,597億美元，增長113%，全球排名第三，亞洲排名第二。新加坡僅落後中國36億美元，領先香港470億美元，顯示其作為國際投資重鎮的地位持續攀升。

航運樞紐地位

新加坡港口在2023年處理超過3,900萬標準集裝箱，全球排名第二，僅次於上海港，貨物吞吐量達5.9億噸，名列世界前茅。此外，新加坡港作為全球最大轉運港，每年處理約全球20%的轉運集裝箱，也是全球最繁忙的船用燃料加油港，每年供應超過5,000萬噸燃油。

2024年抵達新加坡港口船隻總噸位刷新紀錄，達31億1,000萬總噸，較2023年同期成長0.6%，鞏固新加坡作為全球海事業中心的地位。2024年貨櫃吞吐量突破4,000萬個標準箱（TEU）紀錄，達4,112萬個，較2023年的3,900萬成長5.4%。貨運量亦突破6億公噸，重返新冠疫情前水平。2024年底，新加坡註冊船隻亦首次突破1億總噸，取得8.5%成長，達1.08億總噸。

人才吸引競爭力

2022年至2023年間，新加坡吸引約102,684位專業人才。根據IMD世界人才排名，新加坡在2020年排名全球第九，2024年攀升至全球第二、亞洲第一，反映其強勁的人才吸引力。

世界與數位競爭力

根據IMD的《世界競爭力報告》，新加坡在2020年排名全球第一，2024年再次奪回榜首。此外，在數位競爭力方面，新加坡於2020年排名全球第二，並於2024年晉升至全球第一。

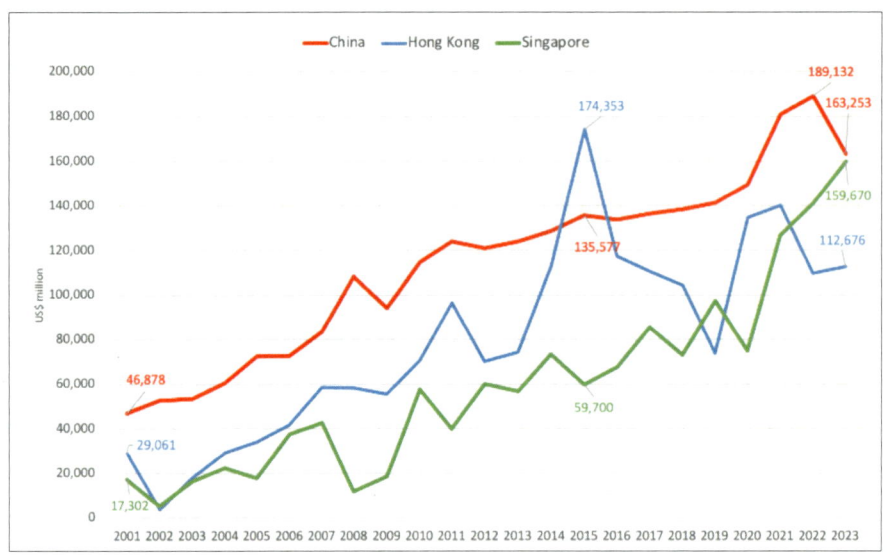

新加坡吸引外商直接投資金額：2001-2023
資料來源：World Bank。

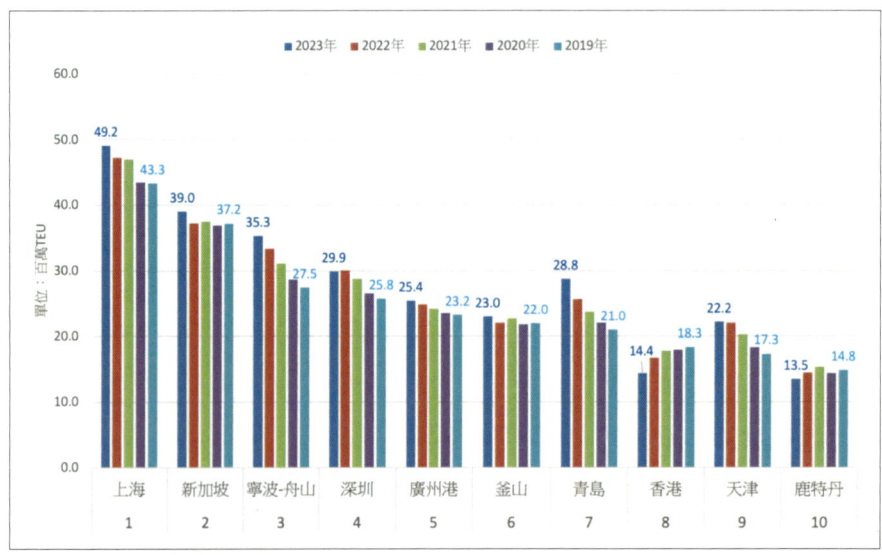

全球前十大集裝箱港口：2019-2023
資料來源：Statista, Feb. 28, 2025.

高等教育世界排名

根據 QS 世界大學的最新排名,新加坡國立大學(NUS)從 2020 年的全球第十一名,攀升至 2025 年的全球第八,並穩居亞洲第一。此外,南洋理工大學(NTU)亦表現亮眼,排名全球第十五,為亞洲第三。

國際學生評估項目表現最佳十大教育體系:2022年

閱讀測試		數學測試		科學測試	
教育體系	平均分	教育體系	平均分	教育體系	平均分
新加坡	543	新加坡	575	新加坡	561
愛爾蘭	516	澳門	552	日本	547
日本	516	台北	547	澳門	543
韓國	515	香港	540	台北	537
台北	515	日本	536	韓國	528
愛沙尼亞	511	韓國	527	愛沙尼亞	526
澳門	510	愛沙尼亞	510	香港	520
加拿大	507	瑞士	508	加拿大	515
美國	504	加拿大	497	芬蘭	511
紐西蘭	501	荷蘭	493	澳大利亞	507
OECD 平均	476	OECD 平均	472	OECD 平均	485

資料來源:新加坡教育部及經濟合作與發展組織,引自《聯合早報》,https://www.zaobao.com.sg/news/singapore/story20231205-1454385。

國際學生評估

經濟合作與發展組織(OECD)公佈2022年國際學生評估項目(Programme for International Student Assessment,簡稱PISA)結果。新加坡15歲學生在最新一輪的國際學生評估中表現優異,在閱讀、數學

和科學三項測試都重登榜首，新加坡在全球81個參與評估的教育體系中排名第一，而且新加坡也在創意思維調查中排名全球第一。

國際教育成就評估協會進行的「2023年國際數學與科學趨勢研究（Trends in International Mathematics and Science Study，簡稱TIMSS）」，每四年舉行一次的調查，針對小學四年級和中學二年級學生，測試學生對知識的掌握、應用和推理能力。在2023年TIMSS調查的全球64個教育體系中，新加坡中小學生數理表現名列榜首。這個調查自1995年推出以來，新加坡每一輪都參加，曾在2003年、2015年與2019年名列全球第一。

世界智慧城市指數

根據 IMD（國際管理發展學院）發布的《世界智慧城市指數》，新加坡的全球排名從 2020 年的第七名，躍升至 2024 年的第五名，並居亞洲第一，展現其在智慧城市發展方面的卓越表現。

創業生態與創投金額

根據「Startup Genome」的《全球創業生態系統報告2024》，新加坡在全球創業生態系統中排名第七，亞洲第一。2024年9月的統計顯示，新加坡創投交易金額達40.5億美元，全球排名第五，亞洲第二。

全球 AI 指數

根據英國媒體機構 Tortoise 於 2023 年 6 月發布的「全球 AI 指數」，新加坡在人工智慧發展方面排名全球第三，僅次於美國與中國。該指數評估各國在 AI 領域的研究、投資、人才培養與政策支持等綜合實力，顯示新加坡在 AI 產業中具備強勁競爭力。

此外，斯坦福大學人本人工智慧研究中心於 2024 年 11 月發布的「全球人工智慧活力工具」報告指出，新加坡的 AI 活力排名全球第 10、亞洲第六。值得注意的是，新加坡在 AI 人才招聘率方面位居全球第一，人才密度排名全球第二，顯示該國在培養及吸引 AI 專業人才方面極具優勢。

在 AI 基礎設施領域，法國 MONNOYEUR 集團旗下 ARKANCE 於 2024 年 12 月的調查報告顯示，新加坡在 23 個受評國中以 8.91 分獲得全球第一。這項評估涵蓋風險投資、人才發展、研究產出、網絡安全與政府科技成熟度等關鍵指標，突顯新加坡在 AI 基礎建設上的領先地位。

全球法治指數

根據美國諮詢公司蓋洛普發布的 2024 年《全球法治》報告，新加坡的法治指數位居全球第二。同時，國際非營利組織「世界正義工程」（World Justice Project）公布的 2024 年法治指數也顯示，新加坡同樣排名全球第二。在該指數的「無腐敗」評比中，新加坡名列第三，僅次於丹麥與挪威，並成為 142 個受評國家與地區中排名最高的亞洲國家。

國際廉潔排行榜

國際反貪組織「透明國際」（Transparency International）公布 2024 年度廉潔指數，丹麥以 90 分連續七年蟬聯全球最清廉國家，其次為獲得 88 分的芬蘭，而新加坡則以 84 分排名第三，成為亞太地區最清廉的國家。值得一提的是，2010 年時，新加坡曾與紐西蘭、丹麥並列全球第一。

全球和平指數

根據澳洲智庫「經濟與和平研究所」（Institute for Economics & Peace）發布的《全球和平指數》，新加坡被評為全球最和平的國家之一，世界排名第五。該指數自 2008 年起每年發布，基於 23 項定性與定量指標，從社會治安與安全、國內外衝突及軍事化程度三大領域進行評估，涵蓋 163 個國家，影響範圍遍及全球 99.7% 的人口。

冰島自該指數創立以來，已連續 17 年蟬聯全球最和平國家之首，而 2023 年排名前五的國家分別為冰島、愛爾蘭、奧地利、紐西蘭及新加坡。

國民幸福感

根據聯合國《世界幸福報告》，2012至2024年間，新加坡的全球幸福排名維持在第22至35名之間。自2012年至2017年，新加坡在東亞排名第一；2018至2022年略降至第二，但2023至2024年再度回升至東亞首位。

亞太最佳城市排行榜

國際諮詢公司 Resonance Consultancy 於 2025 年 2 月 12 日發布的《亞太地區最佳城市排名報告》顯示，新加坡榮登榜首，緊隨其後的依次為東京、首爾、香港、北京、曼谷、雪梨、上海、墨爾本及吉隆坡。報告指出，新加坡在各項經濟指標上表現卓越，並長期被譽為全球最安全的城市之一。

此次排名根據「宜居度」（Livability）、「受喜愛度」（Lovability）及「繁榮度」（Prosperity）三大類別，從「城市表現」與「觀感」兩

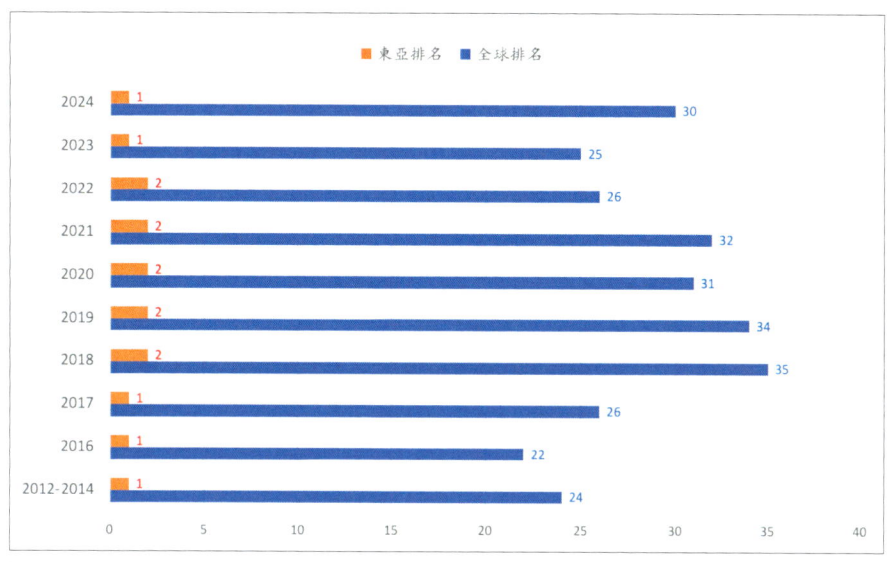

新加坡的世界幸福排名
資料來源：聯合國。

年份	東亞排名	全球排名
2024	1	30
2023	1	25
2022	2	26
2021	2	32
2020	2	31
2019	2	34
2018	2	35
2017	1	26
2016	1	22
2012-2014	1	24

大面向，對亞太地區100座人口超過100萬的城市進行評比。

全球最佳機場排行榜

2025年樟宜機場重新登上Skytrax全球最佳機場排行榜首。自從2000年設立此項大獎以來，樟宜機場始終名列前三甲，而且共計13次獲選為全球最佳機場。

第 3 章 李顯龍分析新加坡成功六因素

建國不到六十年,新加坡從落後國家到最先進國家,成為世界金融與商業中心,2023年人均所得高達84,734美元(全球第五),最新人類發展指數排名全球第九。新加坡現任資政李顯龍於2024年11月12日在哈佛大學甘迺迪學院演講,提出新加坡成功的六大因素。

因素① 共同走過艱難的建國路 故能齊心追求共同願景

回顧建國初期的歷史傳承時,李顯龍說明新加坡建國初期是動盪不安、發生騷亂和流血事件,並經歷三場激烈鬥爭:反殖民主義、反共產主義、反種族主義。建國先賢經過多年奮鬥,新加坡才能確立:維持獨立和主權;維持非共產主義和民主;服膺多元種族主義和用人唯才的精英主義,無論種族、語言或宗教,人人都享有平等機會。歷經這些鬥爭,那一代領導人與公民深刻認識到所面臨的風險,他們決心埋頭苦幹,將願景變為現實。

因素② 精英主義‧用人唯才 打造高效能政府

新加坡非常重視建立高素質的政府和高質量的機構。首先,打造公共服務體系,吸引最優秀的人才到政府工作,建立用人唯才的精英主義制度,創建強烈的公共服務精神。其次,組建高效率的政治領導團隊,面對與認真解決困難問題。再者,強調法治與廉潔,建立獨立且公正的司法機構,以確保政府能夠在所有層面透明、理性且可預測

地運作，並制定相關規則以杜絕金錢介入政治。

因素③　自由市場＋出口導向＋吸納外商投資

新加坡將經濟增長與發展視為最優先事項，以便獲得實現目標的資源。新加坡歡迎跨國公司來投資，採取出口導向政策，實行自由市場原則，打造有利於企業經營的環境，培育技術熟練的勞動力，建立勞工、雇主與政府的密切合作多贏關係，興建公共住房，制定福利政策，介入市場失靈的領域（例如工業土地開發和基礎設施建設、吸引外國投資的一站式機構、創立高效的國有企業）。

因素④　打造團結的社會與共同的國家認同

新加坡致力打造團結的社會和共同的認同。隨著經濟的發展，新加坡投入大量社會建設，改善國民生活，包括建立完善的教育、良好的醫療體系和高質量的公共住房。此外，新加坡將多元文化的移民群體塑造成統一的國家認同，包括將英語作為通用工作語言，保留馬來語作為國家語言，並將華語和淡米爾語列為兩種官方語言，並在公共住房中設置種族配額，以確保住宅區的種族融合，強化新加坡人的共同認同感。最後，新加坡推行國民服役，培養公民保家衛國的責任感。

因素⑤　持續多邊外交政策 以國內實力為後盾

新加坡積極推行外交政策，與各國建立友誼與共同利益，積極參與多邊機構的活動，並根據長期國家利益，採取一致且有原則的外交政策，透過履行承諾，建立新加坡的國際聲譽和價值。李顯龍強調，有效的外交政策必須以國內的實力為基礎，包括國家內部團結一致、

表現出色的領導人和外交官、並建立適度但可信的武裝力量。

因素⑥　人民高度信任 政府能進行不討喜的長期規劃

　　人民對執政黨傑出表現累積的信任與信心。因為歷屆人民行動黨政府表現出色、兌現承諾，人民行動黨至今已經連續15次贏得大選。李顯龍認為，這種信任和信心的累積為新加坡政府提供了更大的政治和政策空間，使新加坡政府能夠進行長期規劃，並謹慎做出艱難但必要的政治決策，例如提高消費稅以應對老齡化人口的醫療需求。

　　李顯龍總結，新加坡成功的原因在於：人民對政府和社會存在高度的信任；人民的收入和生活水平不斷提高；新加坡擁有高質量的公共服務、穩定的政治環境、良好的國際聲譽，以及一個團結且堅定的人民，他們能在困境中攜手共進。這些資產是長期建設的成果，並在危機中彰顯其價值。

李顯龍資政於2024年11月12日
哈佛大學甘迺迪學院高德金講座的演講全文

「政府治理篇」

第 4 章　國家領導人養成制度三特色

新加坡政府是內閣制，內閣包括總理和各部部長所轄的總理公署及十五個部會，所有政務官都是從國會議員當中委任。然而，新加坡政務官與國家領導人的養成制度至少包括三個特色：培育專業公共管理人才、培育跨部會整合全才、培育多層次跨部會人才。

第一項特色，為了讓政務官全方位領導國家，新加坡政府培育專業公共管理人才，而不是專業知識領域人才。

例如，現任總理黃循財靠政府獎學金留美取得經濟學學士與碩士，先在貿工部與財政部擔任公務員，2011年大選獲勝後，出任國會議員及政務官，先後在教育部、新聞、通信及藝術部、文化、社區及青年部、國家發展部、財政部等五個部會任職，每個部歷練1-5年，在2022年升任副總理，他因疫情期間領導抗疫小組表現優異，獲得人民行動黨內部的多數肯定，被推選成為李顯龍的接班人，2024年4月出任總理，帶領新加坡第四代領導團隊繼續前行。

雖然新加坡現任國防部長黃永宏、外交部長維文、人力部長陳詩龍都是醫生出身，但是現任的衛生部長王乙康卻不是醫生出身，而且他之前還擔任過教育部長及交通部長。現任教育部長陳振聲也不是教育專業出身，他擔任過陸軍總長、資訊、通訊及藝術政務部長、國防部高級政務部長、社會及家庭發展部長、總理公署部長及貿工部長。

第二項特色，培育新加坡政務官與國家領導人，強調跨部會整合全才，以便綜合各部的專業與各方的利益，提出國家整體的最佳政

策，而不是從個別專業領域或個別部會的本位出發，這可能造成不同部會的專業資訊落差或利益衝突。

除了讓各政務官到各部會歷練之外，幾乎從政務次長開始到總理都會兼任不同部的同等職務，這些歷練將有助於培養綜觀全局的國家領導人。

例如，總理黃循財兼任財政部部長、副總理顏金勇兼任貿工部長、通訊及新聞部長楊莉明兼任內政部第二部長、人力部長陳詩龍兼任貿工部第二部長、內政部長尚穆根兼任律政部長、交通部長徐芳達兼任財政部第二部長。

第三項特色，新加坡的政務官與國家領導人都經過多層次跨部會長期歷練。政務官分成政務次長、高級政務次長、政務部長、高級政務部長、部長、國務資政、副總理與總理等八個等級。資淺的國會議員可能從擔任政務次長開始歷練，同時兼任兩個部的職務，逐步再上升職等，還得轉到不同部會歷練，歷經15-25年逐步培育出國家領導人才。

例如，2024年5月新加坡內閣改組，馬炎慶國會議員從交通部兼永續發展及環境部政務次長，升等到永續發展及環境部兼交通部高級政務次長。拉哈尤國會議員從衛生部兼律政部高級政務次長，升等為通訊及新聞部兼衛生部政務部長。劉燕玲國會議員從貿工部兼文化、社區及青年部政務部長，升等為文化、社區及青年部兼貿工部高級政務部長。

黄循财 升
总理兼财政部长

李显龙 新
国务资政

颜金勇 升
副总理兼贸工部长

王瑞杰
副总理

张志贤
国务资政兼
国家安全统筹部长

黄永宏医生
国防部长

维文医生
外交部长

尚穆根
内政部长
兼律政部长

傅海燕
永续发展与环境部长
主管贸易关系

陈振声
教育部长

马善高
社会及家庭发展部长
兼卫生部第二部长
主管回教事务

王乙康
卫生部长

杨莉明
通讯及新闻部长*
兼内政部第二部长

李智陞
国家发展部长

英兰妮
总理公署部长兼财政部
和国家发展部第二部长

孟理齐博士
总理公署部长兼
教育部和外交部
第二部长

唐振辉
文化、社区及青年部长
兼律政部第二部长

陈诗龙
人力部长兼贸工部
第二部长

徐芳达
交通部长兼财政部
第二部长

新加坡内阁（2024年5月）
資料來源：聯合早報，2024年5月13日 https://www.zaobao.com.sg/realtime/singapore/story20240513-3655970

第 5 章 政務官薪酬制度：高薪攬才，廉能治國

新加坡政府的高效治理，是推動國家快速進步的重要關鍵。除了擁有優秀的人才體系，新加坡政府更重視政務官的領導能力，不僅透過高薪吸引頂尖人才、降低貪污風險，還建立了一套以績效為導向的薪酬制度，以確保政務官積極推動施政。

新加坡政務官的薪資制定基於三大原則：首先，薪資必須具備競爭力，以吸引優秀人才投身公職；其次，薪資應體現公共服務精神；最後，採取透明的「裸薪」制度，不提供任何隱藏福利。

目前政務官薪資依據2012年新加坡國會通過的薪酬方案，每五年檢討一次，但歷經2018年與2023年的審查，均未做調整。

政務官的薪資標準參考市場薪酬，尤其是新加坡公民中收入最高的前1,000名企業高管及專業人士的年薪中位數。初級部長（MR4級別）的薪資在此基礎上折扣40%，其他級別則依據職位進一步調整。

根據官方數據，目前MR4級別的年薪約為110萬新幣（約2,715萬台幣），而總理薪資則高達220萬新幣（約5,430萬台幣），遠高於美國總統（約54萬新幣）與英國首相（約26萬新幣）。

新加坡政府認為，要帶領國家前進、制定重大政策者，必須是最優秀的人才。因此，政務官的薪資以市場競爭力為基準。然而，掌握國家權力與龐大預算的政務官，也需受到嚴格的監督，新加坡因此制定了嚴格的反貪法規，確保廉潔治理，讓願意為國家服務的賢能之士能夠無後顧之憂地從政。

儘管薪資優渥，新加坡政府仍強調公共服務精神，因此初級部長的薪資在市場薪資中位數的基礎上做了40%的折扣。許多政務官來自高薪行業，如律師、醫生及銀行家，他們的政務官薪資遠低於過去的職業收入，凸顯出從政的服務與奉獻精神。

例如，現任國防部長黃永宏原為知名醫生，據報導，他從醫時年薪超過450萬新幣，從政24年後，目前年薪不到200萬新幣；內政部長尚穆根則曾表示，他的現職薪資僅為從政前的十分之一，累計收入損失超過1億新幣。

新加坡官員的薪酬屬於真正的「裸薪」制度，除了薪資外，沒有任何額外行政津貼，也無退休金，且接受禮品必須如實申報並上繳，卸任後亦無特殊待遇，僅適用一般公務員的中央公積金社會保障制度。相較之下，美國總統雖然年薪僅約54萬新幣（40萬美元），但還享有每年5萬美元的額外開支津貼、10萬美元的免稅旅遊津貼及1.9萬美元的娛樂津貼，使其總收入高於基本薪資。

此外，新加坡政務官的薪資架構包含固定薪資與可變動的花紅。以初級部長為例，其固定月薪約為5.5萬新幣，而花紅則分為三部分：首先是與公務員相同的「常年可變動花紅」，通常約0.95-1.5個月薪水（疫情前平均1.3個月）；其次是「個人績效花紅」，由總理評定，範圍在3-6個月薪水（疫情前平均4.3個月），一般是3個月；最後則是「國家表現花紅」，依據公民收入中位數增幅、20百分位數公民收入增幅、失業率、國內生產總值增幅等指標決定，範圍在3-6個月薪水，一般是3個月。

綜合來看，初級部長的年薪最低為71.5萬新幣（包含基本月薪與「第13個月花紅」，共計13個月薪資），一般而言是110萬新幣（相當於20個月薪資），最高則可達145.8萬新幣（相當於26.5個月薪

資）。[1]其中，固定薪資佔65%，其餘35%則來自各類花紅。這套制度旨在激勵政務官積極推動施政，確保政府施政成效獲得選民認可，進而轉化為對執政團隊的支持。

新加坡政務官員年薪表

政務官職位	係數	年薪（新幣）	台幣
總統	1.4 MR4	154萬	3,801萬
總理	2.0 MR4	220萬	5,430萬
副總理	1.7 MR4	187萬	4,615萬
高級部長	1.6 MR4	176萬	4,344萬
中級部長	1.2 MR4	132萬	3,258萬
初級部長	1.0 MR4	110萬	2,715萬
高級政務部長	0.85 MR4	93.5萬	2,308萬
政務部長	0.7 MR4	77萬	1,900萬
市長	0.6 MR4	66萬	1,629萬
高級政務次長	0.52 MR4	57.2萬	1,412萬
政務次長	0.38 MR4	41.8萬	1,032萬

資料來源："White Paper: Salaries for a Capable and Committed Government," Public Service Division (Singapore), April 17, 2025, p. 32, https://www.psd.gov.sg/files/white-paper---salaries-for-a-capable-and-committed-government.pdf.

---

[1] "White Paper: Salaries for a Capable and Committed Government," Public Service Division (Singapore), April 17, 2025, p. 30-31, https://www.psd.gov.sg/files/white-paper---salaries-for-a-capable-and-committed-government.pdf.

第 6 章　獎學金計畫：吸引卓越人才投身公共服務

　　面對全球快速變遷與嚴峻挑戰，新加坡政府高度重視人才培養，尤其強調政府部門需要擁有傑出能力、跨領域專長與國際視野的專業人才，以確保國家持續發展並為人民提供優質服務。人才不僅是社會進步的關鍵，更是政府運作成功的核心。

　　目前，包括總統獎學金在內的41個政府機構提供大量全額獎學金，資助新加坡公民與永久居民在國內外大學深造。受獎者畢業後，須根據獎學金年限，在政府部門服務1至6年，為國家貢獻專業知識與能力。

　　例如，在2024年8月的總統獎學金頒授典禮上，新加坡總統尚達曼強調，面對充滿不確定性的世界，公共服務團隊必須不斷提升專業能力，具備前瞻性思維、創新精神，並能跨部門協作，以應對新挑戰。2024年三位總統獎學金得主分別赴史丹佛大學攻讀經濟學、哈佛大學主修經濟與政府，及加州大學柏克萊分校學習數據科學。

　　此外，在外交服務獎學金頒發儀式上，新加坡外交部長維文指出，未來外交官的職責已不再局限於傳統的談判與協商，還需涉足氣候變遷、能源科技、人工智慧與生物科技等新興領域，並具備跨學科思維與人文素養。2024年的四位獲獎者將分別前往巴黎政治大學修讀社會科學、加州大學洛杉磯分校攻讀經濟與全球研究、倫敦國王學院主修政治經濟哲學，以及倫敦大學研習政治與國際關係。

　　新加坡數碼發展及新聞部及其轄下的網絡安全局、政府科技局、

資訊、資訊通信媒體發展局（資媒局）與國家圖書館管理局，近年來大力推動數位人才培育。2024年共頒發84份獎學金，過去五年則累計達480份。其中，資媒局今年授予68份獎學金，期望透過這項計畫，促進新加坡人工智慧專才數量倍增至15,000人。

更值得關注的是，這些政府獎學金得主進入政府機構後，通常被賦予關鍵職務，並在不同部門累積經驗，接受嚴格考核。通過考核進入「獎學金得主通道」（Scholar Track）的人才，將能獲得快速晉升機會，30多歲可晉升副司長，40多歲則可能出任司長。

例如，曾獲政府獎學金的陳繼豪先生，34歲時即擔任移民局總監，隨後歷練新聞及藝術部、總理公署及國立健保集團，並於44歲晉升為國家發展部常任祕書（相當於我常務次長），51歲則擔任內政部常任祕書，展現政府培育人才的長遠規劃與成效。

根據新加坡公共服務署資料，該署提供涵蓋大學學位、碩士及研究生課程的獎學金，內容包括學雜費、生活補助，甚至提供在學期間的全額薪資。此外，獎學金計畫還包含交換生與實習機會，以培養具備國際視野的未來領袖。此外，其他政府機構亦提供獎學金，並規定最低服務年限，確保優秀人才能投身公共服務，持續推動新加坡的長遠發展。

第 7 章 官員借調計劃：強化公私部門與國際合作

當今世界變化迅速，科技突飛猛進，大國角力愈演愈烈，氣候與人口變遷加劇了各國面臨的壓力。面對這些跨國界、跨領域的挑戰，政府不再只是守成者，更須成為策略整合與跨界合作的領航者。

為應對日益複雜且跨國性的挑戰，新加坡公務員首長葉成昌於2024年3月底的演講中強調，公務部門必須不斷革新思維與工作方式。作為領導者的行政官（Administrative Officers），更需要拓展技能與累積多元經驗，並深化與私人企業、民間機構及國際夥伴的合作。

行政官通常為副司長以上之高級文官，包括各部會之常任祕書，全國僅約四百位。行政官是國家政策推動的中流砥柱，負責全國性政策之規劃與執行，需具備前瞻視野，分析未來挑戰，以確保國家之穩定、安全與發展。

葉成昌指出，人工智慧、大國競爭、氣候變遷與人口變遷等因素，正深刻影響全球發展，對各國的生存與競爭力帶來重大挑戰。政府官員負責政策規劃、法令制定與政策執行，唯有深入掌握各領域的最新發展與趨勢，才能確保國家穩健前行，並提升國際競爭力。

為應對科技發展的迅速變遷，新加坡政府自2024年起要求所有部會的常任祕書參與培訓，以提升數位科技能力，未來這項培訓將擴展至其他高階公務員，確保政府能夠更有效地應用與部署先進科技。

不僅如此，新加坡政府也正積極推動行政官走入民間與國際，從中獲取寶貴經驗。私人企業、民間機構與國際組織的發展速度，往往

超越政府的理解與法規制定速度。為此，新加坡政府強調，行政官必須深入了解國內外情勢的變遷，並積極促進公私部門及國際夥伴的合作。

目前，新加坡政府調派至私人企業服務的行政官人數，已較2019年增加一倍。2023年，約三分之一的行政官亦在公務崗位之外的機構貢獻專業，例如參與民間企業或非營利組織的志願服務，展現務實的跨界合作精神。

新加坡「公共服務委員會」（Public Service Commission）依據行政官的個人特質與專長，安排其於不同部會輪調，以培養領導、管理與多元能力，促進跨部會合作、資源整合與系統性問題的解決。該委員會亦負責選派行政官至私部門工作，通常在其升任司長前進行，並全權決定借調人選及民間單位。

近年來，「公共服務委員會」鼓勵行政官主動申請借調，讓優秀人才能根據自身成長需求選擇適合的發展途徑。大多數獲派的行政官會被安排至政府關聯企業，如淡馬錫控股公司，他們並非僅擔任顧問，而是直接負責戰略規劃與實質業務，目的在於打造具備全局視野、靈活應變與實務能力兼備的政策領袖。

這項借調計劃對政府與民間部門而言，是互惠共贏的策略。行政官得以深入了解民間部門的運作現況、科技應用與創新動能，從而制定更貼近實際需求、甚至引領市場發展的政策與法規。同時，民間部門也能更清楚政府的政策與法規架構，進而提升自身的國際競爭力，實現公私協同發展，促進雙方的理解與信任，真正實現公私協力、共創發展的新模式。

第 8 章　公私部門分工的成功典範：Certis CISCO與CBM

近年來，新加坡政府機構日益依賴民間企業執行特定職能，以實現更高效的公共服務與更強的市場競爭力。以新加坡的策安保安機構（Certis CISCO）和CBM為代表的企業，不僅提升了政府運作效率，也促進了相關產業的發展，為企業創造了更多商機。

Certis CISCO：安全維護與執法的得力助手

Certis CISCO是新加坡最大的輔警公司，全球擁有約3萬名員工，其中約1.6萬名為新加坡輔警與保安人員等，其規模幾乎與新加坡警察部隊相當。新冠疫情期間，Certis動員超過2,500名員工協助政府執行隔離令、管理外籍勞工宿舍及隔離中心，展現了其在公共安全領域的關鍵作用。

在政府嚴格監管下，Certis負責多項公共安全相關職能，包括：

- **邊境安全**：維護機場與陸路邊境檢查站的安全，確保旅客與貨物流通順暢。
- **資產保護**：負責總統府、國會、法院等政府機關、關鍵基礎設施（如水電廠、醫院）、及金融機構與資產的安全維護。
- **秩序維護**：協助新加坡監獄管理囚犯拘留與運送，並維護重大活動安全秩序，如F1賽事、國慶閱兵與選舉。
- **執法支援**：巡邏外籍勞工聚集區、執行非法電動車輛管理、管制吸菸與電子煙等。

警察與輔警各司其職，形成專業分工與合作。警察專注於偵查辦案與執法，強化專業與創新技能，而輔警則負責安全維護，後者不需接受偵查培訓，但須接受安全防護相關訓練。這將提升警察薪資競爭力，吸引更多專業人才，而民間企業也會提供具有競爭力的薪資與福利給輔警，加上加班費的薪資可能超過警察待遇。

很多政府或商業活動會影響到民眾生活便利與安全，輔警可以支援這些工作，不需要偵查辦案專業的警察協助，以減緩人力不足的問題。這將降低政府的管理成本，同時讓商業活動（例如新年倒數活動與泰勒絲演唱會）的主辦方可以付費聘請輔警承擔安全維護責任，讓商業活動更加容易頻繁舉辦，進一步促進經濟發展。

CBM：專業設施管理，減輕政府負擔

CBM是一家綜合設施管理企業，擁有約2,000名專業人士，提供建築維護、保安、工程、清潔、洗衣、停車管理與環境服務等一站式解決方案。其客戶涵蓋政府機構與私人企業，包括國防部、社會及家庭發展部、內政部等。

以國防部為例，CBM負責軍營設施維護與清潔，使新加坡武裝部隊能專注於軍事訓練與科技運用，部分國民服役人員還能每日回家。不過，CBM員工必須為新加坡籍並通過安全查核，以確保國防安全。在緊急狀況或戰爭時，CBM將繼續提供支援，使武裝部隊得以專心作戰。

科技賦能，提升服務品質與效率

Certis與CBM均積極採用最新科技與國際認證標準提升服務品質與效率。Certis 開發「智慧安保整合系統」，運用數據分析、影像分

析、人工智慧與網路安全技術，提供智慧安全與綜合解決方案，透過即時警報提升了事故反應速度和決策效率，也提升新加坡政府的治安管理能力。

CBM 導入 ISO 41001 設施管理國際標準，開發「智能設施管理系統」，運用應用程式、人工智慧、物聯網設備監測、無人機巡邏與機器人技術，監測與管理建築設施狀況。這大幅降低政府機構維護成本，使其能專注於核心政策執行，而非繁瑣的日常管理與維護。

多元創新服務與國際化佈局，擴大競爭力與營運規模

Certis 與 CBM 不僅提供傳統服務，亦積極提供多元創新服務；不僅專注於新加坡市場，亦積極強化競爭力、聘請國際人才與拓展國際業務，以便持續壯大企業營運規模。Certis 於香港、澳門、卡達與澳洲提供服務，在澳洲設有八個分部。CBM 在卡達、台灣與泰國拓展市場。

過去四年，Certis 平均年營收達15.8億新幣（約390億台幣），去年營收為15.6億新幣（約386億台幣），創造約3萬個就業機會，展現其強大的競爭力與國際影響力。

政府與民間企業的專業分工與合作，不僅提升公共服務質量，也能大幅降低政府營運成本，解決人力短缺的困境。同時，這樣的模式使公務員能夠更加展現專業才能與提升薪資競爭力，進而吸引更多優秀人才加入公務體系。民間企業則運用專業管理與科技創新，提供更有效率、更高質量的公共服務，並透過創新服務開發與國內外市場拓展，提高整體獲利，促進新加坡經濟發展與高薪就業機會。

「外交與國防篇」

第 9 章　面對全球變局的外交新方略

　　在今（2025）年農曆年前，新加坡外長維文（Vivian Balakrishnan）於新加坡國際事務研究所發表演講，回顧建國六十年來的發展成就與成功關鍵，剖析當前全球格局的變遷，並提出因應挑戰的外交政策原則。以下是他的演講摘要。

　　回顧過去六十年，新加坡的發展定位始終是「面向全球的城市」，積極融入高度互聯的全球化進程。新加坡得以崛起的契機，部分歸功於二次大戰後美國主導的國際和平與經濟秩序，亦即「美利堅治世」（Pax Americana），這一秩序在三個層面塑造了新加坡的發展環境：首先，在國內政治方面，確保選擇權、尊重人權並推動民主；其次，在經濟層面，促進自由貿易與全球供應鏈的穩定發展；最後，在國際層面，透過建立國際規範與機構來維護和平，創造共同繁榮，並為全球挑戰提供解方。

　　憑藉這些外在環境與內部努力，新加坡的國內生產毛額（GDP）從1965年的10億美元增長至2024年突破5,000億美元，人均GDP亦從500美元攀升至近9萬美元。此外，在多種族、多語言、多宗教的背景下，新加坡成功塑造了團結的國家認同，並建立起世界一流的醫療、教育、住房、儲蓄與退休制度。

　　作為一個資源匱乏、必須背水一戰的國家，新加坡的成功關鍵不僅在於人民的勤勞與紀律，更仰賴廉潔、具遠見且高效能的領導團隊。而在地理優勢方面，位處亞洲大陸最南端、麻六甲海峽入口的新

加坡，連結太平洋和印度洋，充分利用全球化與自由貿易的紅利，使其2024年集裝箱吞吐量首次突破4,000萬標準箱（全球排名第二），船舶總噸位更創下31.1億噸的歷史新高。

過去六十年來，新加坡採取積極的外交政策，確保自身對世界具有價值與關聯性，與鄰國及更廣泛的國際社會建立共同利益。新加坡始終堅持國際法與契約精神，以誠信與可靠性作為競爭優勢，充分發揮戰略地理位置的優勢來創造經濟機會。

然而，這些支撐新加坡發展的要素，如自由世界秩序、全球供應鏈、跨國企業成長、區域和平以及穩定的全球權力平衡，如今正面臨劇烈變革，世界正處於關鍵轉折點。

過去六十年間，新加坡受惠於「美利堅治世」的國際秩序以及中國崛起所帶來的經濟動能。美國在區域內扮演重要角色，遏制共產主義擴張，維持穩定的外部環境，促進區域經濟增長、貿易與投資。而自1970年代末期中國推動改革開放以來，其崛起亦為新加坡帶來發展機遇。

然而，當前世界正歷經兩大關鍵變革——國際格局轉變與科技革命。1990年代以來，全球權力格局從單極體系逐步向多極化發展，全球化、多邊主義與自由貿易的價值正受到挑戰。同時，數位科技（尤其是人工智慧）、生物科技與可持續能源等科技革命正交互影響、相互驅動，雖帶來巨大機遇，亦伴隨重大風險。

面對世界變局，作為一個高度互聯、深度全球化的小型城市國家，新加坡將維持開放與包容性，並遵循以下六項外交方略：

第一，新加坡將保持全方位、均衡、富有建設性和高效的多邊互動。

第二，新加坡將堅持國家團結、經濟成功、自主防衛和自立自強

的基本原則。

第三，新加坡不允許自己處於「被收買或被欺凌」的境地，堅定地追求長期的國家利益，明確表達捍衛主權的決心，不依賴海外發展援助，也不期望外國軍隊為新加坡流血犧牲。因此，新加坡男性全體服役，也將國防支出維持在GDP的3%。

第四，新加坡將繼續與周邊國家合作，尤其是東協。新加坡將繼續在全球舞台扮演積極、重要且有影響力的角色。

第五，新加坡將不斷加強和完善基於規則的國際秩序，依靠國際法、遵循全球規範、堅持和平解決爭端，積極擁抱人工智慧、生物科技和可再生能源帶來的機遇。

第六，外交是一系列的無限重複博弈，所以新加坡的外交政策必須是可預測的、可靠的，基於互惠原則、彼此信任與長遠格局，與合作夥伴攜手前進，並不斷擴大新加坡的夥伴圈。

第 10 章　外交部長談國際新秩序的應對策略

　　新加坡外交部長維文（Vivian Balakrishnan）在2025年3月3日的國會財政委員會辯論中指出，當前世界正經歷前所未有的動盪與變局：過去八十年來主導全球的自由世界秩序正在瓦解，取而代之的是保護主義、單邊主義、極端民族主義、地緣政治競爭及全球供應鏈碎片化。

　　他強調，這不僅僅是外交氛圍的突發性短暫變化，而是地緣戰略氣候變遷。一個新的世界秩序正在成形，其特徵是極度不可預測、不穩定和動盪。這樣的變遷涉及多個層面：

1. **從單極世界轉向多極世界**：美國不再能單獨主導全球事務，而是與中國、歐盟、印度等國競爭影響力。
2. **從自由貿易轉向保護主義**：主要經濟體逐步收緊貿易規則，採取單邊行動，例如美國對中國、加拿大、墨西哥等國徵收關稅，並鼓勵「去風險化」。
3. **從全球化轉向極端民族主義**：各國內部政治趨向民族主義，影響跨國合作。
4. **從開放轉向仇外，從樂觀轉向焦慮**：大國對自身國家利益的看法變得更加狹隘，並採取更具交易性的方法，有時甚至更具強制性。
5. **國際法與多邊機制受挑戰**：聯合國、世界貿易組織、世界衛生組織等國際機構影響力減弱，國際規則受到侵蝕。

在這種背景下，新加坡作為一個貿易額是國內生產毛額三倍的開放型經濟體，勢必受到影響。維文外長因此強調，新加坡必須保持靈活應變，確保自身在這個劇變的世界中仍能生存與發展。

新加坡三層面的挑戰

維文外長分析，這種全球格局的變化對新加坡帶來三大層面的挑戰：

① 經濟層面

A. 全球貿易環境惡化

> 美國長期以來推動自由貿易，但如今內部政治趨向保護主義。新的美國政府明確將關稅視為應對非貿易相關政策目標的手段，包括國家安全、本地就業創造、更具韌性的供應鏈，以及提升談判籌碼。這種貿易保護政策的影響波及全球，甚至可能引發全面貿易戰。

> 例如，美國已對中國徵收額外關稅，並對加拿大、墨西哥等傳統盟友施加貿易限制，導致各國紛紛採取報復性關稅，可能形成全球性的「以鄰為壑」政策，重演1930年代大蕭條時期的惡性循環。

> 作為全球貿易樞紐的新加坡，儘管未被直接針對，但貿易流量的減少與全球供應鏈的碎片化，將使其受到嚴重影響。

> 新加坡的經濟模式建立在「信任、開放與公平競爭」之上，讓各國企業到新加坡發展。過去六十年來為新加坡帶來巨大成功的開放模式，如今正面臨風險。

B. 科技競爭與供應鏈重組

> 科技已成為大國競爭的主要戰場。美國限制人工智慧（AI）、半導

體及關鍵技術的出口，而中國則反制，控制稀土與關鍵材料出口，導致供應鏈不穩定。
- 例如，美國的「AI擴散規則」（AI Diffusion Rule）計劃限制對中國出口高端AI晶片，而中國則對美國限制出口關鍵礦產。這類政策將影響全球科技產業發展，也可能削弱新加坡作為全球貿易與金融中心的地位。
- 當科技競爭加劇，各國要求新加坡選邊站時，將使其作為開放樞紐的處境更為艱難。

② 國際安全與地緣政治

A. 俄烏戰爭的影響

- 俄羅斯以「歷史錯誤」為由侵略烏克蘭，並吞併其部分領土，對於像新加坡這樣的小國來說，這是令人擔憂的先例。
- 俄羅斯與烏克蘭戰爭持續超過四年，對全球能源與糧食價格造成影響，進一步推高通貨膨脹。
- 新加坡始終堅持「國家主權與領土完整」的原則，並以此立場與俄羅斯和烏克蘭外長對話。
- 俄烏戰爭使核武器問題更加複雜，各國更不願意放棄核武，使國際社會更危險。

B. 區域安全與南海問題

- 南海局勢持續緊張，台海衝突風險升高，區域穩定面臨嚴峻挑戰。
- 過去80年來維持全球秩序的基於規則的國際體系，正面臨退化為「叢林法則」的風險，在這種情況下，強權即公理。國際法、聯合國憲章、國家主權平等、政治獨立與領土完整等原則都已遭受嚴重

侵蝕。事實上,世界可能正在回到由大國主導、分裂為不同陣營的時代。而這無可避免地意味著,小國將喪失選擇權與自主權。
➢ 小國若不積極維護國際規則,將無法在大國競爭的環境中維持自主性。

③ 多邊主義的削弱

➢ 全球治理機制受損。
➢ 世界衛生組織、世界貿易組織等多邊機構受到削弱,影響全球集體應對全球威脅並保護全球公共資源的能力已受到嚴重削弱,包括未來疫情及氣候變遷的能力。
➢ 國際社會對多邊協議的支持下降,可能導致環境保護、全球金融體系及數位經濟的進展受限。
➢ 新加坡需積極參與國際合作,以維護國際法與多邊主義,確保自身利益不受侵害。

新加坡的應對策略

　　面對未來,新加坡處於有利的基礎之上。維文外長分析,新加坡的核心優勢建立在三大支柱:第一,經濟實力和儲備;第二,獨立自主的能力及自我防衛的能力;第三,國內團結。

　　他強調,從根本上來說,新加坡的外交政策必須繼續以維持六十年來屹立不倒的長期原則為基礎,即便在戰術上或甚至戰略上需要調整。新加坡必須保持全方位、平衡且建設性的對外互動,與所有夥伴積極合作。

　　面對上述這些挑戰,新加坡將採取以下四項策略應對:

① **強化國內實力**

- **經濟自主**：新加坡堅持「不依賴外援，不受制於他人」，維持強大的外匯儲備與財政穩健性，以確保經濟自主，才不會被威脅或收買。
- **國防自主**：透過國民服役與國防投資，新加坡確保自身能夠獨立防禦，不依賴外部安全保障。
- **新加坡財政穩健，言出必行，並願意為立場付出努力與犧牲**，這正是威懾與尊重的核心。新加坡的外交能夠發揮作用，是因為建立國內共識，維持關於核心長遠利益和外交政策優先事項。

② **積極發展國際夥伴關係**

A. 與美中維持平衡關係

- 美國是新加坡的最大外資來源，而中國則是其最大貿易夥伴，兩者對新加坡都至關重要。
- 新加坡將與美國和中國保持平衡關係，成為他們最可靠且穩定的夥伴之一，確保經濟與科技合作機會。新加坡通過保持一貫性、透明度和建設性，維持了與這兩大國之間的相關性和可信度。

B. 深化東南亞國協與全球夥伴關係

- 深化與東南亞國協合作，強調區域經濟整合，如《數位經濟框架協議》與《東南亞國協貿易協定》升級版。
- 加強與馬來西亞、印尼等鄰國的合作，推進經濟整合與區域穩定。
- 擴展與印度、日本、澳洲、歐盟及中東等地的經貿關係，如與阿根廷、巴西、墨西哥等國簽署自由貿易協定。

> 積極參與聯合國與國際法院,維護國際法與多邊主義。

③ 積極應對科技競爭

> 新加坡將維持「開放與信任」,與主要技術強國(美國、中國、歐盟、日本、印度等)持續合作,吸引前沿科技與國際頂尖人才,確保新加坡在人工智慧、綠能及生技領域的競爭力。
> 維護國內「法治與信譽」,使新加坡能夠吸引並留住來自世界各地的技術和人才,並打擊企業的不法行為,以確保新加坡作為全球可信賴技術與金融樞紐的地位。

④ 維持國內團結

> 面對外部挑戰,新加坡社會必須團結一致,不受外部影響操弄。
> 以加薩危機為例,新加坡支持國際法與人道主義原則,堅持以色列與巴勒斯坦達成正義、可持久與全面和平的兩國方案,並強調這一立場基於國家利益,而非選邊站。

結論

　　維文外長總結,當前世界秩序正處於劇烈變革的時期,新加坡需保持高度警覺,並靈活應變。他強調,新加坡過去60年的成功來自堅持「開放、信任與原則」,未來將繼續奉行務實與多邊主義外交策略,確保國家安全與繁榮。

　　最後,他呼籲全體國民團結一致,共同應對全球挑戰,使新加坡能夠在動盪的世界中維持獨立與強大。

第11章 蘭花外交：軟實力展現與國際友誼的橋樑

2024年7月29日，新加坡外交部舉行《新加坡蘭花外交》（Singapore's Orchid Diplomacy）新書發表會，紀念自1956年以來推動的「貴賓蘭花」（VIP Orchids）計畫。該計畫透過為外國領導人、貴賓、名人、國際組織或盛會命名精心培育的蘭花，展現新加坡的敬意、友誼與親善，被譽為「蘭花外交」。

每一株命名的配種蘭花都是獨一無二的永恆紀念。命名儀式後，新加坡政府會將該品種登記於英國皇家園藝學會的國際蘭花註冊系統，並贈予受命名貴賓，讓其成為持久的紀念象徵。此外，這些以貴賓名字命名的蘭花也會在新加坡植物園內的國家蘭花園展示，供來自世界各地的訪客觀賞。

這項計畫不僅記錄了新加坡與各國的外交歷程，也讓全球訪客能夠透過這些蘭花見證新加坡的外交史。至今，新加坡已經為超過280位國際貴賓命名配種蘭花，透過名人效應與媒體報導，展現其園藝科技的軟實力。

國家蘭花園因此成為國際名人齊聚之地，增添觀賞價值與話題性，吸引大量國際遊客。而這些命名的配種蘭花不對外販售，進一步提升其獨特性與故事性。目前，國家蘭花園已展示超過1,000個品種、2,000多個配種蘭花，成為國際遊客必訪的熱門打卡景點。

例如，紐西蘭總理訪問新加坡時，獲得以其名字命名的蘭花。另有著名的「黛安娜王妃蘭」，雖非在她生前命名，而是為了紀念她的

影響力與貢獻。此外，新加坡領導人在出訪會晤他國領袖時，也會藉命名蘭花表達敬意與深化雙邊關係，進一步提升新加坡的國際知名度與外交故事性。

　　蘭花命名對象不僅限於各國政要，還涵蓋對新加坡社會具有重大貢獻的本地名人，如建國總理李光耀、歌手孫燕姿、奧運獎牌得主等，藉此彰顯其對國家的貢獻，增強國民的榮譽感與凝聚力。

　　此外，國際知名人士如成龍、Elton John、Ricky Martin、歌劇男高音Andrea Bocelli、韓國影星權相佑（Kwon Sang Woo）與裴勇俊（Bae Yong Jun），以及時尚設計師Michael Kors等，也曾獲此殊榮。這些國際巨星的命名蘭花，讓國家蘭花園成為全球矚目的焦點，並吸引粉絲前來朝聖。更重要的是，這些國際名人也會主動宣傳以自己命名的蘭花，進一步提升新加坡的國際影響力。

　　值得一提的是，卓錦萬代蘭（Vanda 'Miss Joaquim'）作為新加坡的國花，象徵國家的多元文化與堅韌精神。而貴賓命名蘭花則進一步展現新加坡的文化包容性與外交智慧。在挑選配種時，新加坡政府會考慮該蘭花的品種特性與國際連結性，以促進雙邊友誼。

　　例如，2016年時任總理李顯龍訪問美國，適逢新加坡與美國建交50週年，便以歐巴馬總統夫婦的名字命名一款配種蘭花，該品種的原始血統來自新加坡與歐巴馬的出生地夏威夷，象徵兩國的深厚友誼。

　　透過「蘭花外交」，新加坡不僅成功運用軟實力促進國際交流，也透過獨特的園藝文化塑造國家品牌，使世界各地的貴賓與遊客都能透過這些美麗的蘭花，感受到新加坡的熱情與友善。

紀念紐西蘭總理Jacinda Ardern到新加坡訪問的蘭花品種
資料來源：作者拍攝。

紀念黛安娜王妃的蘭花品種
資料來源：作者拍攝。

第12章 以實力捍衛和平：躋身全球最和平國家之列

根據澳洲智庫「經濟與和平研究所」（Institute for Economics & Peace）公佈的《全球和平指數》，新加坡被評為世界上最和平的國家之一，世界排名第5。儘管目前沒有明顯的外敵威脅，新加坡政府仍投入大量資源打造堅韌且強大的武裝部隊，而其男性國民也積極履行兩年服役義務，以維護國家安全並展現對國家的承諾。

《全球和平指數》自2008年起發布，基於23項定性與定量指標，從社會治安與安全、國內外衝突及軍事化程度三個領域進行評估，涵蓋全球163個國家，範圍遍及99.7%的世界人口。冰島連續17年蟬聯全球最和平國家，而2023年排名前五的國家分別為冰島、愛爾蘭、奧地利、紐西蘭及新加坡。

自2008年以來，新加坡的排名顯著提升了14位。2008年時，新加坡排名全球第19，2009-2010年分別為第19和第18，2011年首次躋身前10，排名第9。儘管之後排名有所波動，但整體趨勢持續向前推進。2015年進步至第6，2020年曾達第5，並在2024年再次回到全球第5名，同時也是亞洲最和平與安全的國家。

新加坡政府深信，唯有強大的國防實力與靈活的外交策略，才能有效威懾潛在威脅，確保國家安全。新加坡國防部大廳內的牆面，清楚寫著國防部與武裝部隊的使命：「透過威懾與外交，增強新加坡的和平與安全，並在這些手段失效時，迅速且果斷地擊退侵略者。」新加坡前外交部常任秘書比拉哈里（Bilahari Kausikan）在今（2025）年

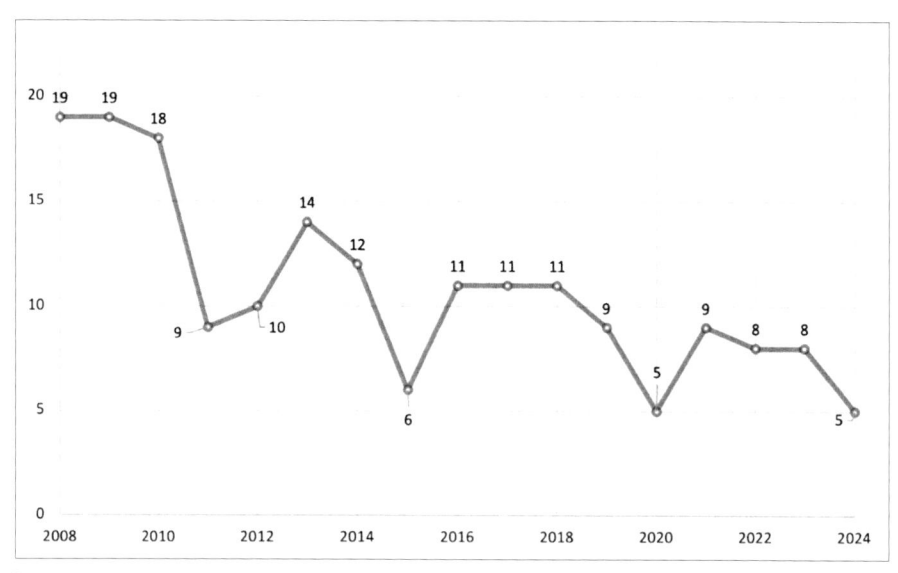

新加坡全球和平指數排名：2008-2024
Institute for Economics & Peace，2025年2月16日。

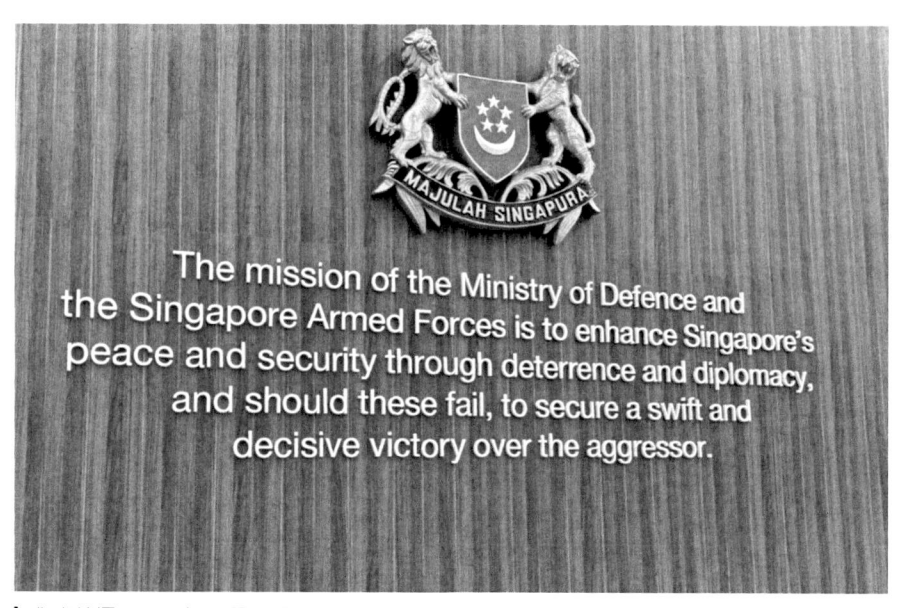

The mission of the Ministry of Defence and the Singapore Armed Forces is to enhance Singapore's peace and security through deterrence and diplomacy, and should these fail, to secure a swift and decisive victory over the aggressor.

作者拍攝，2024年10月16日。

第12章 以實力捍衛和平：躋身全球最和平國家之列 67

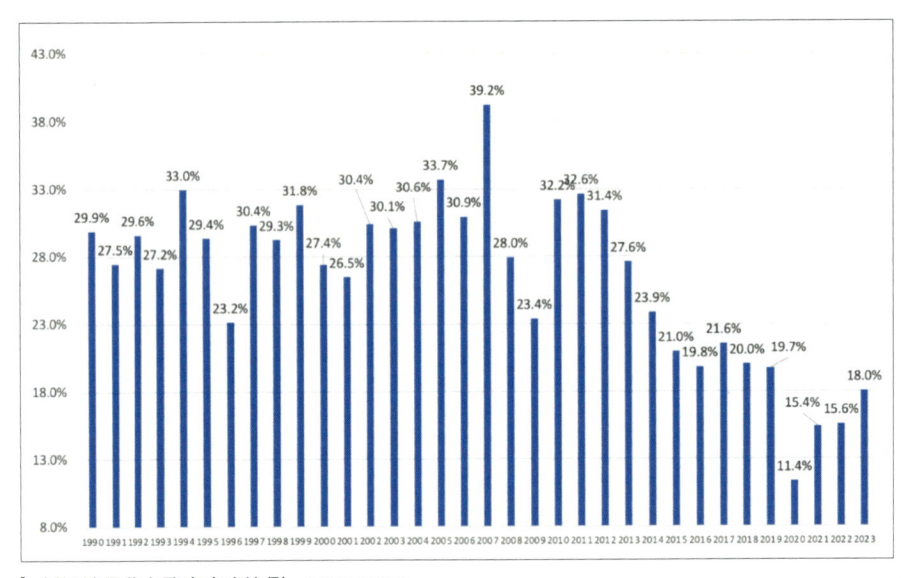

新加坡軍費占政府支出比例：1990-2023
資料來源：SIPRI Military Expenditure Database, Feb. 16, 2025.

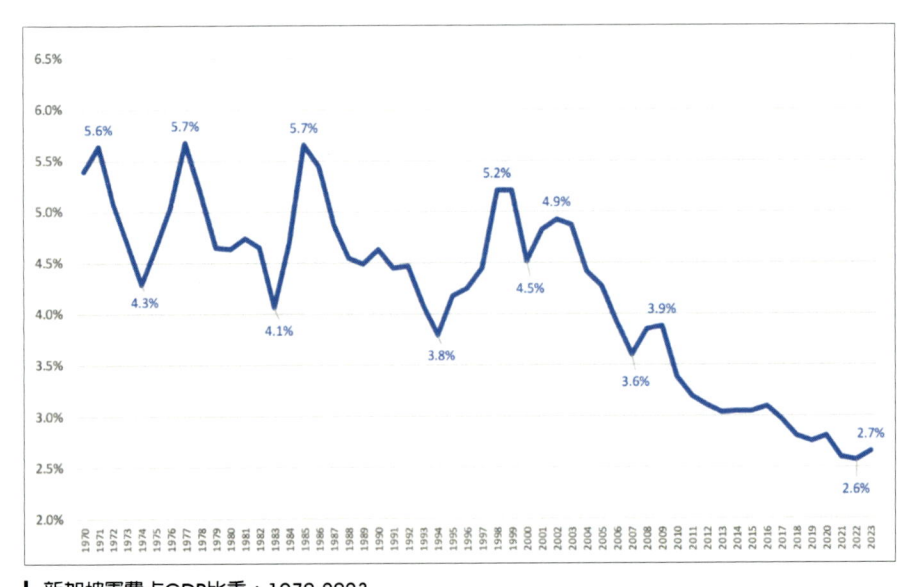

新加坡軍費占GDP比重：1970-2023
資料來源：SIPRI Military Expenditure Database, Feb. 16, 2025.

2月12日接受媒體訪問時也強調：「國防與外交相輔相成，沒有強大的國防，外交將無法發揮作用。」

自建國以來，新加坡大幅增加國防預算，以建立強大的軍事防衛能力。根據瑞典智庫「斯德哥爾摩國際和平研究所」（SIPRI）統計，新加坡的國防預算增長如下：1969年為3億新幣，1979年增加3倍到10億新幣，1989年再增加2.8倍到28億新幣，1999年再增加2.7倍到76億新幣，2009年再增加1.4倍到110億新幣，2019年再增加1.3倍到142億新幣，2023年的國防預算已經達到180億新幣。根據新加坡政府的資料，2024年的國防預算增加到202億新幣。

新加坡國防預算總額持續增加，初期占政府總預算的比例相當高，但隨著經濟增長則逐步下降。根據 SIPRI 數據，1990 年代國防預算平均占政府總預算 29.1%，2000-2009 年為 30.0%，2010-2019 年降至 25.0%，2020-2023 年進一步降至 15.1%。2020-2023 年間，由於新冠疫情導致政府投入大量資源於防疫，國防預算占比顯著下滑。2024 年，新加坡國防預算占總預算的比重回升至 18.1%。

若從軍費占 GDP 比例來看，新加坡政府長期以來投入大量資源於國防建設，但隨著經濟增長則逐步下降。根據 SIPRI 數據，新加坡軍費占GDP比重在2010年以前大致都維持在4%以上，甚至1971年達到5.6%、1977年與1985年高達5.7%。平均而言，70年代為5.0%、80年代為4.8%、90年代為4.5%、2000年代為4.3%。2010年代以後，新加坡軍費占GDP比重平均降到3.0%，2020-2023年再降到2.7%。根據新加坡政府的預算資料，2024年的軍費占比維持在2.8%。

從區域角度來看，新加坡的軍費支出在東南亞各國中居首位。2024 年，馬來西亞與菲律賓的軍費均為 41 億美元，泰國為 56 億美元，越南為 73 億美元，印尼則為 85 億美元，而新加坡高達 155 億美

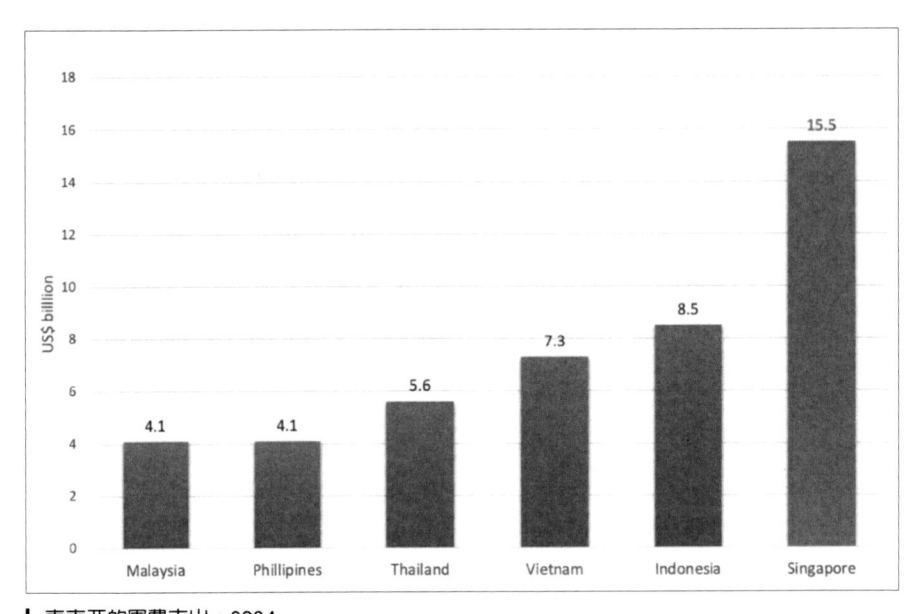

東南亞的軍費支出：2024
資料來源：CAN, "How Small City-states Defend Their Sovereignty & Independence | Singapore's Balancing Act - Part 1," Feb. 12, 2025 https://www.youtube.com/watch?v=ktpY7jEOVdg

元。新加坡的軍費不僅在東南亞排名第一，其規模更相當於馬來西亞與印尼軍費的總和，同時超過菲律賓、泰國及越南軍費的兩倍。如此強勁的軍事投資，無疑使新加坡在區域內保持強大的威懾力，讓鄰國不敢輕視其軍事實力。

儘管新加坡並未面臨直接的外在威脅，兩年制國民服役仍獲得人民的壓倒性支持。根據李光耀公共政策學院在2022年的調查：93%的受訪公民與永久居民支持強制性的國民服役兩年；88%的受訪者表示，即使國民服役是非強制性，他們仍會鼓勵親友參與。

支持國民服役的主要原因包括：94%的受訪者認為，國民服役有助於強化國防；89%的受訪者認為，國民服役象徵對國家的承諾；88%的受訪者認為，國民服役促進不同背景的人相互理解；87%的受

訪者認為，國民服役有助於塑造獨特的新加坡身份。

　　新加坡之所以能夠維持全球前五的和平排名，並成為亞洲最安全的國家，離不開政府的戰略規劃與國民的高度配合。透過強大的國防力量與靈活的外交政策，新加坡成功建立穩固的安全屏障，確保國家免受外部威脅。未來，隨著全球局勢變化，新加坡勢必會持續強化其國防實力，確保和平與安全長久不變。

「經濟發展篇」

第13章 | 2025預算案 應對全球經濟變局

新加坡總理黃循財於今（2025）年 2 月 18 日向國會提出總額 1,238 億新幣的年度預算案，相較於 2019 年（疫情前）增長 78%，較去年增長 9.7%。其中，經濟發展相關預算（涵蓋交通、貿易、產業、人力與數位發展）達 245 億新幣，較 2019 年增長 70%，較去年增長 6.5%，占總預算的 19.8%（2019 年為 19.1%），相當於 GDP 的 3.2%（2019 年為 2.8%）。

新加坡政府預判，2025年全球經濟將面臨更大的不確定性與下行風險，主要受到美中兩國全球霸權競爭的影響，因此在此預算案中提出相關的基本原則及核心策略應變。

新加坡總預算與經濟發展預算（2019-2025）

	2019	2020	2021	2022	2023	2024	2025
總預算（億新幣）	753	864	948	1,049	1,053	1,129	1,238
經濟發展預算（億新幣）	144	187	207	243	218	230	245
經濟發展項目占總預算比重	19.1%	21.7%	21.9%	23.2%	20.7%	20.4%	19.8%
經濟發展項目占GDP比重	2.8%	3.8%	3.4%	3.5%	3.2%	3.1%	3.2%

資料來源：新加坡財政部，2025年2月22日。

從整體經濟表現來看，2024 年新加坡經濟持續展現強勁增長，經濟成長率達 4.4%。根據國際貨幣基金組織（IMF）估算，新加坡人均 GDP 達 89,370 美元，通膨率降至 2.4%。此外，居民勞動力的中位數收入，在扣除通膨影響後，實際增長 3.4%。政府援助計劃也發揮作用，使受僱居民住戶人均收入計算的基尼係數（Gini coefficient）降至 0.364，創下 2000 年以來最低水平。

四大基本原則確保長期競爭力

儘管美中雙方不願直接衝突，但兩國近年在經濟與科技領域的競爭日趨激烈，並透過經濟遏制與反遏制政策改變全球經濟格局，恐將抑制全球增長前景，進而影響高度開放的經濟體──新加坡。

面對內外部經濟環境的變動，新加坡政府設定未來十年每年2%至3%的經濟增長目標，堅持四大基本原則以確保長期競爭力：

1. 保持穩健的貨幣與財政政策，確保經濟穩定發展。
2. 運用市場機制推動效率與創新，提升生產力與競爭力。
3. 保持對人才與創新思維的開放態度，以強化經濟韌性與適應力。
4. 深化政府、企業與工會三方夥伴關係，確保經濟穩定並促進包容性增長。

新加坡政府強調，必須不斷提升競爭力並提供高附加價值解決方案，才能在瞬息萬變的全球競爭環境中保持領先。因此，2025年的預算案提出三大核心策略，以確保經濟的持續發展與競爭優勢：

核心策略①：提升科技與創新能力

科技與創新是新加坡經濟增長的核心驅動力。目前，新加坡已

成為全球頂尖科技企業的重要據點，負責生產全球超過10%的晶片、20%的半導體設備，以及超過80%的DNA晶片。此外，新加坡亦是全球生命科學產業的樞紐，全球前十大製藥公司中有八家在當地設有生產業務，同時也是高端醫療設備的重要生產中心。

為吸引更多高端科技投資，新加坡政府今年將額外撥款30億新幣至「國家生產力基金」，並提高研發投資，將研發支出占GDP的比重從過去20年的1%提升至今（2025）年的1.3%（約 10 億新幣）。這筆資金將用於：

- 翻新生物科技與醫療技術研發設施。
- 建立全國性半導體研發製造設施，支持企業進行半導體測試與原型開發。
- 促進企業與研究機構合作，加速科技成果轉化為商業應用。

核心策略②：強化企業生態系統

為確保新加坡成為孕育全球領先企業的理想環境，政府將推動以下措施：

- 延長企業國際化支持計畫與併購支持計畫，幫助企業擴展海外市場。
- 推出「全球創業家計畫」，鼓勵國際創業家來新加坡創業與成長。
- 增強企業技術應用與數位轉型，除了既有的「生產力解決方案補助金」與「中小企業數位化計畫」，政府將額外撥款1.5億新幣，設立「企業運算倡議」，推動企業採用客製化AI解決方案，並與主要雲端服務商合作，提供AI工具、運算資源與專家顧問服務。

- 強化企業融資支持，政府已在過去五年投資18億新幣於企業成長支持基金，並將額外設立10億新幣「私募信貸成長基金」，以支持成長期較長的本地企業。
- 提升新加坡股市競爭力，政府將提供稅務優惠給選擇在新加坡上市的企業，以及大量投資本地股市的基金管理公司，以吸引更多資本進入市場。

核心策略③：克服基礎設施與資源限制

在基礎建設方面，新加坡政府將持續提升數位與交通基礎設施，以支撐經濟發展：

- 擴展全國數位基礎設施，將全島寬頻網速提升至現有的10倍。
- 推動樟宜機場擴建，額外撥款50億新幣至「樟宜機場發展基金」，並為樟宜機場集團提供貸款擔保，以降低第五航站樓及相關基礎設施的融資成本。

此外，考慮到未來關鍵產業（如AI、半導體、生物製藥）均屬於高耗能產業，新加坡政府將確保能源供應的可持續性：

- 推動區域電力進口計畫，目標於2035年滿足新加坡約三分之一的電力需求。
- 研究未來能源技術，鑑於低碳氫能短期內難以大規模商業化，政府將加強對新一代核能技術「小型模組化反應爐」（SMRs）的研究，以評估其在新加坡的應用潛力，並強化核能安全機制。
- 成立「未來能源基金」，額外撥款50億新幣，以投資電力進口、氫能技術及核能研究等關鍵基礎設施。

第14章 ｜ 四項策略確保經濟持續成長

新加坡副總理兼貿工部長顏金勇在2025年3月6日國會撥款委員會報告，新加坡作為全球高度開放的經濟體，面臨全球貿易秩序變化、地緣政治競爭加劇及內部資源（土地、勞動力與碳排放）限制等多重挑戰。然而，這些挑戰也帶來了機遇，包括亞洲經濟持續增長、人工智慧、數位化、低碳轉型、生產和供應鏈變革。

新加坡政府將保持對貿易、人才與投資的開放態度，透過創新維持新加坡競爭力，並持續透過四項策略推動經濟持續成長，包括強化區域及全球的連結、透過創新培育強大的企業、建立親商環境及培養高技能勞動力。

策略一、強化區域及全球的連結

新加坡的成功很大程度上依賴於其作為全球貿易和金融樞紐的地位，因此政府將進一步深化與區域及全球市場的連結。

① 深化與鄰國及東協的融合

今（2025）年已經簽署《柔佛-新加坡特別經濟區協議》，促進雙邊經濟合作，讓新加坡企業利用柔佛的資源來擴展業務，吸引更多跨國投資。

加強與印尼峇淡、民丹、卡里汶等地區的合作，推動產業發展與基礎設施建設。

促進《東協數位經濟框架協議》和《東協貨物貿易協定》的升級，持續推動區域數位貿易，改善新加坡企業在東協市場的准入條件，強化區域供應鏈連結，以抓住亞洲經濟成長的機遇。

② **利用全球供應鏈變革契機**

在全球供應鏈重組的背景下，吸引跨國企業到新加坡投資，並強化新加坡作為重組後貿易流動關鍵節點的地位。

策略二、透過創新培育強大的企業

創新是驅動經濟增長的核心。政府將持續推動研發投入，扶持本地企業成為區域或全球領導者。同時，希望吸引全球產業領袖在新加坡紮根，強化新加坡的產業生態系。

① **強化創新生態系統**

擴展去（2024）年剛成立的「新加坡半導體技術轉化創新中心」（NSTIC），涵蓋更多半導體技術領域，包括平面光學與矽光子技術。

投資 5 億新幣，建立新的「國家半導體研發製造設施」，聚焦先進封裝技術，提供研發與試產基礎設施。

促進產學研合作，幫助中小企業與新創公司利用 NSTIC 進行原型製作和商業化。

② **扶持新創企業與精深科技發展**

透過「全球創新聯盟」，幫助本地企業連結海外創新網絡，同時開拓國際市場機會。

今年將啟動「全球創業者計畫」，吸引全球頂尖創業者來新加坡

創業，包括在人工智慧與精深科技的頂尖人才。

透過政府支持，強化本地人工智慧、量子計算、生物科技等領域的發展。鼓勵本地高科技製造業留在新加坡投資與創新，同時吸引新的高效能跨國企業加碼投資，提升整個產業生態系的能力與競爭力。

策略三、打造親商環境

政府將致力於減少企業監管負擔，提升資本可獲取性，以促進企業成長。

① 提升本地企業融資能力

過去5年新加坡政府已經投入超過18億新幣於「股權投資基金」支持企業成長。

推出2億新幣的「長期投資基金」，支持成長週期較長的企業。

設立10億新幣的「私募信貸成長基金」，為本地具有強勁增長潛力的企業提供更靈活的融資選擇。

鼓勵商業資本進一步參與企業投資，促進市場發展。

② 簡化監管程序，提升效率

去年即設立「跨部門親商規則檢討委員會」，檢視監管流程並降低企業合規負擔。

縮短企業監管申請的審批時間，目標30個工作日或更短。

延長企業執照有效期限至至少3年，並逐步提高至5年。

在建築環境等領域推動「並行審批」與「資訊共享」，提供一站式數位流程，減少重複行政流程。

策略四、培養高技能勞動力

政府將進一步投資於新加坡人民的教育與技能培訓，確保新加坡人在未來經濟中保持競爭力，獲得更高薪的職位。

① 推動終身學習與技能升級

與新加坡理工大學合作推出「繼續教育與培訓學位課程」，幫助製造業人才提升技能，也為本地製造業培養與留住人才，確保企業得永續發展。

② 培養具國際視野的領袖

強化「全球商業領袖計畫」，幫助本地人才獲取跨國企業的領導經驗。

擴大「新加坡領袖網絡獎學金」，培育具備國際視野的管理人才。

第15章 | 主權基金高獲利 貢獻五分之一財政收入

2025年，新加坡的財政總收入達到1,499億新幣，其中財政經常收入為1,228億新幣，而淨投資回報貢獻（NIRC）則高達271億新幣，占財政總收入的18.1%。換句話說，每5塊錢的政府收入中，就約有1塊錢來自國家儲備所設立的主權基金，這已成為僅次於公司稅的第二大財政收入來源。同時，NIRC對國內生產毛額（GDP）的貢獻比例約為3.3%，顯示其對新加坡經濟的重要性。

政府的經常收入主要由稅收、費用與其他收入組成，主要來源包括公司所得稅、個人所得稅及消費稅。而NIRC的構成則來自兩個部分：一部分是政府投資公司（GIC）、淡馬錫控股（Temasek）及新加坡金融管理局（MAS）等機構對國家儲備資產的投資所得，其中最高50%可用於財政支出；另一部分則來自其他國家資產的最高50%淨投資收入。

過去20年，NIRC的增長速度驚人。從2005-2008年間，其年均規模僅為29億新幣（占財政總收入的7.6%、占GDP的1.2%），至2009-2015年的年均80億新幣（占財政總收入的13.1%、占GDP的2.2%）增長超過一倍，再翻倍至2016-2024年的年均190億新幣（占財政總收入的18.5%、占GDP的3.3%）。

新加坡的淨投資回報貢獻占財政總收入與GDP比重：2005-2024

單位：百萬新幣

年度	淨投資回報貢獻	占財政總收入比重	占GDP比重
2005-2008	2,914	7.6%	1.2%
2009-2015	8,016	13.1%	2.2%
2016-2024	18,971	18.5%	3.3%

資料來源：Accountant-General's Department, Singapore, March 15, 2025.

隨著NIRC的快速增長，新加坡的財政收入結構亦發生重大變化。過去，政府財政收入主要依賴公司營業稅、個人所得稅及消費稅，但NIRC的成長速度遠超這些傳統稅收來源。從2005年至2025年，這四大財政收入來源的複合年均成長率分別為7.4%、8.8%、8.6%及11.5%。

2016年，NIRC首次超越公司營業稅，成為政府最大的收入來源，並在2018年至2021年間持續領先，2021年更高出22億新幣。2022年起，雖然NIRC回落至第二位，但仍穩居財政收入的重要支柱。

從占比來看，NIRC對財政總收入與GDP的影響日益顯著。2005年，其占財政總收入的9.0%，2007年降至5.6%，但2009年激增至15.1%，2016年攀升至17.4%，2020年更達21.3%，而2021-2025年間穩定維持在17-20%之間。同樣地，其占GDP的比重也從2005年的1.3%增長至2020年的3.8%，2021-2025年間則保持在3.2-3.5%區間。

新加坡的淨投資回報貢獻：2005-2025
資料來源：Accountant-General's Department, Singapore, March 15, 2025.

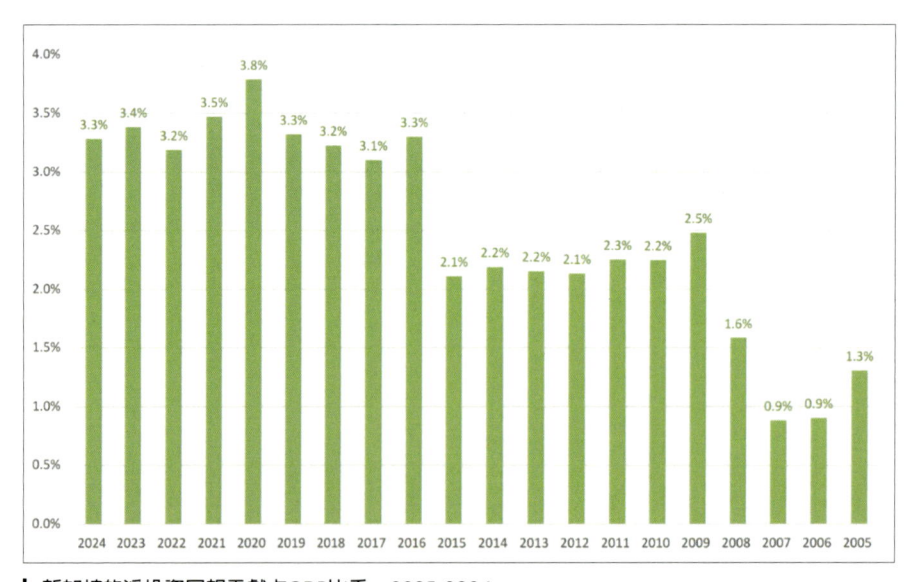

新加坡的淨投資回報貢獻占GDP比重：2005-2024
資料來源：Accountant-General's Department, Singapore, March 15, 2025.

新加坡政府未公開NIRC的具體資產細節，但從淡馬錫控股與新加坡政府投資公司GIC的運作可見其發展動向。

淡馬錫控股（Temasek Holdings）

淡馬錫控股於1974年成立，由新加坡政府全資擁有，全球設有13個辦公室，擁有約1,000名員工，其中新加坡籍占60%。其投資組合涵蓋金融、科技、基礎設施及能源等多個領域。

截至2024年3月31日，淡馬錫的淨投資組合價值達3,890億新幣，從2002年至2024年的複合年均成長率達7.3%。若計入未上市資產，其估計總價值可達4,200億新幣。

自1974年成立以來，淡馬錫的股東總回報率高達14%。過去20年年均回報率為7%，明顯高於新加坡20年核心通膨率的1.9%。然而，近

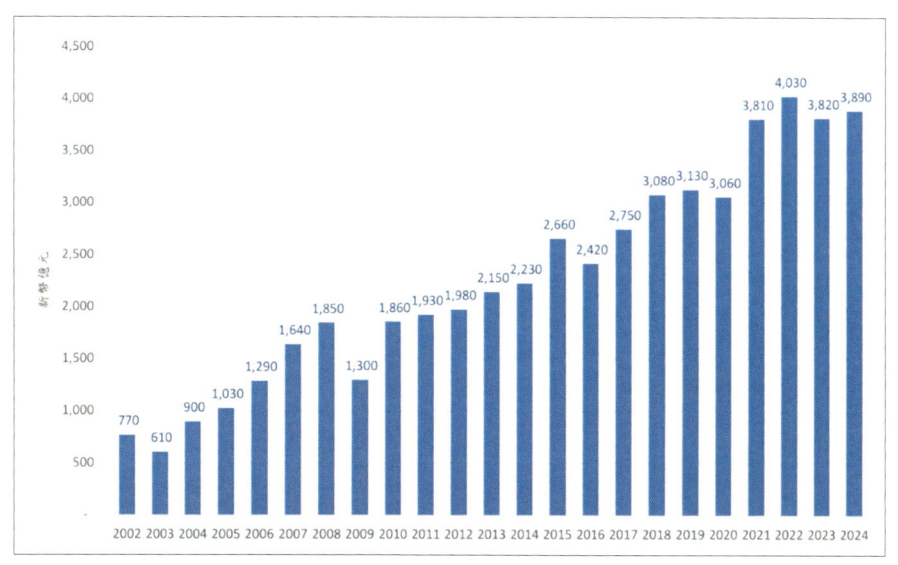

淡馬錫（Temasek）投資組合淨值：2002-2024
資料來源：Temasek, March 15, 2025.

10年回報率為6%,而近3年表現不佳,僅為0.68%。2022年、2023年與2024年的年度回報率分別為6%、-5%與2%。

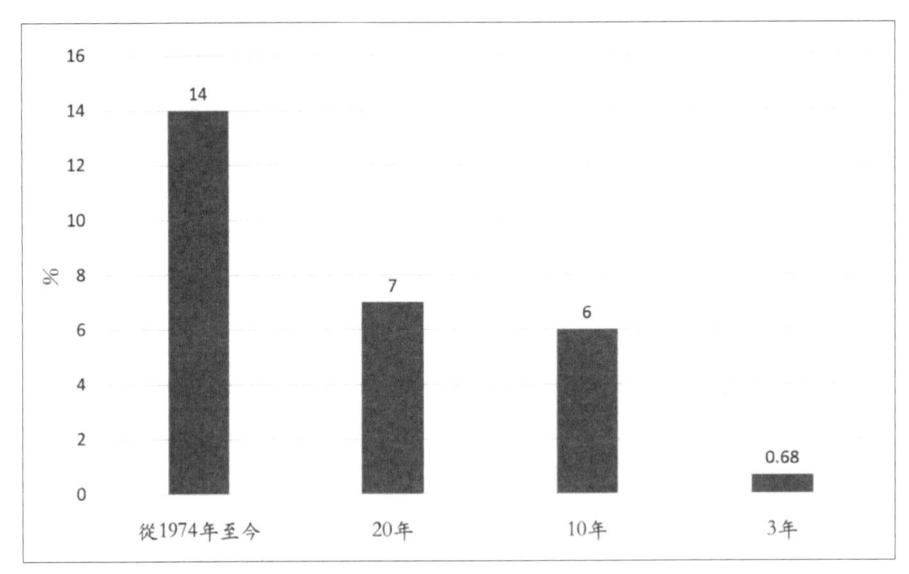

淡馬錫(Temasek)的股東總回報率:2024年3月31日
資料來源:Temasek, March 15, 2025.

新加坡政府投資公司(GIC)

新加坡政府投資公司GIC於1981年成立,專責管理新加坡的外匯儲備,擁有11個全球辦公室,約2,300名員工,投資遍及41個國家,涵蓋股票、固定收益、房地產、私募股權、基礎設施等多元資產。雖然政府未公開GIC的總資產規模,但據主權財富基金研究機構的估計,其管理資產約為7,700億至8,470億美元。

GIC的投資策略穩健,2004年至2024年間,其投資組合的年均美元名義回報率為5.8%,經通膨調整後的年均實際回報率為3.9%,較2023年

下降0.7個百分點。自2004年以來，GIC的20年滾動回報率多維持在3.4-5.1%之間，僅在2009年金融危機與2020年疫情期間降至2.6%與2.7%。

GIC的投資眼光獨到，2024年為台積電的第二大股東，持股達3.15%，僅次於台灣行政院國發基金的6.38%。僅在去年，GIC便從台積電獲利4,051億台幣，顯示其精準的投資策略與卓越的回報能力。

2024年，GIC的投資金額達266億美元，位居全球第二大主權基金投資者；淡馬錫控股則以67億美元的投資金額，排名全球第九。新加坡的主權基金已成為政府財政的重要支柱，國家儲備投資回報的NIRC如今穩居政府第二大收入來源，對財政的可持續性至關重要。GIC與淡馬錫控股的穩健投資，加上新加坡金融管理局的資產運營，共同為政府提供約五分之一的財政總收入，進一步鞏固新加坡經濟的長遠發展。

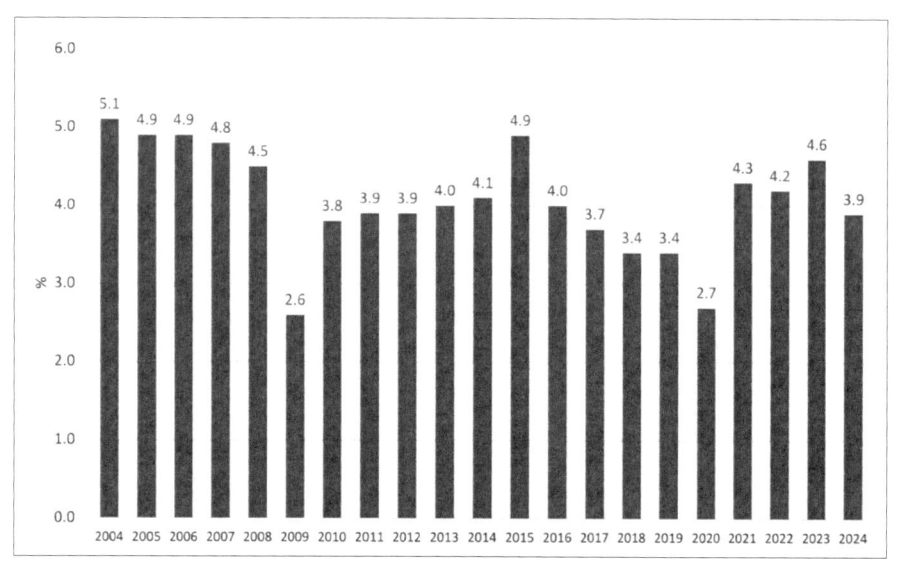

自2004年以來GIC投資組合的滾動20年年化實質報酬率
資料來源：GIC, March 14, 2025.

第16章 │ 數位經濟飛速增長比金融業更重要

根據瑞士洛桑管理學院（IMD）發布的《世界數位競爭力調查評比》，在全球64個主要國家及經濟體中，2024年新加坡的世界排名第1名、亞太地區排名第1名。

新加坡一直是數位競爭力的世界優等生，在2019年與2020年世界排名第2名、亞太地區排名第1名，2021年世界排名掉到第5名、亞太地區排名掉到第2名，2022年回升到世界第4名、亞太地區排名回到第1名，2023年再上升到世界第3名。

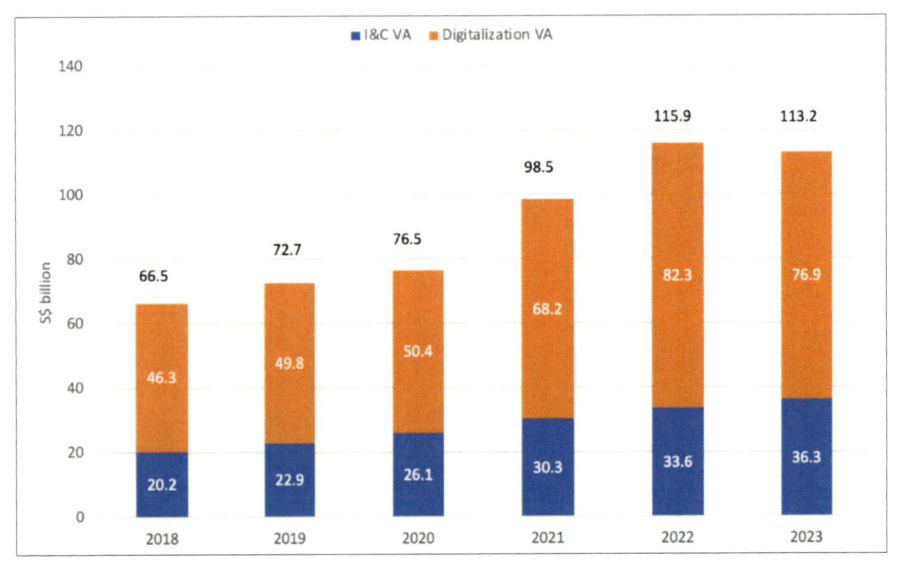

年份	I&C VA	Digitalization VA	合計
2018	20.2	46.3	66.5
2019	22.9	49.8	72.7
2020	26.1	50.4	76.5
2021	30.3	68.2	98.5
2022	33.6	82.3	115.9
2023	36.3	76.9	113.2

新加坡的數位經濟：2018-2023
註：I&C VA：資通訊產業的附加價值；Digitalization VA：其他經濟領域數位化的附加價值。

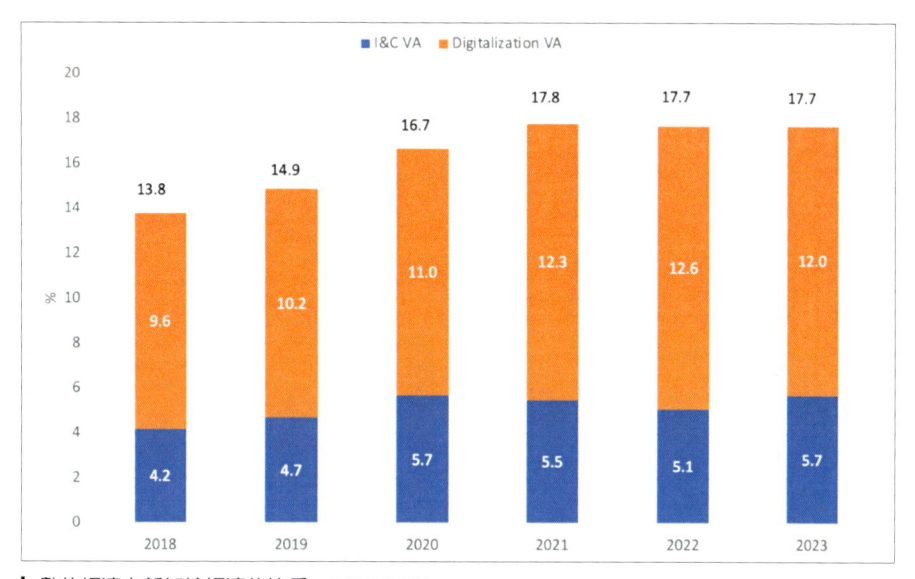

數位經濟占新加坡經濟的比重：2018-2023
註：I&C VA: 資通訊產業的附加價值；Digitalization VA：其他經濟領域數位化的附加價值。

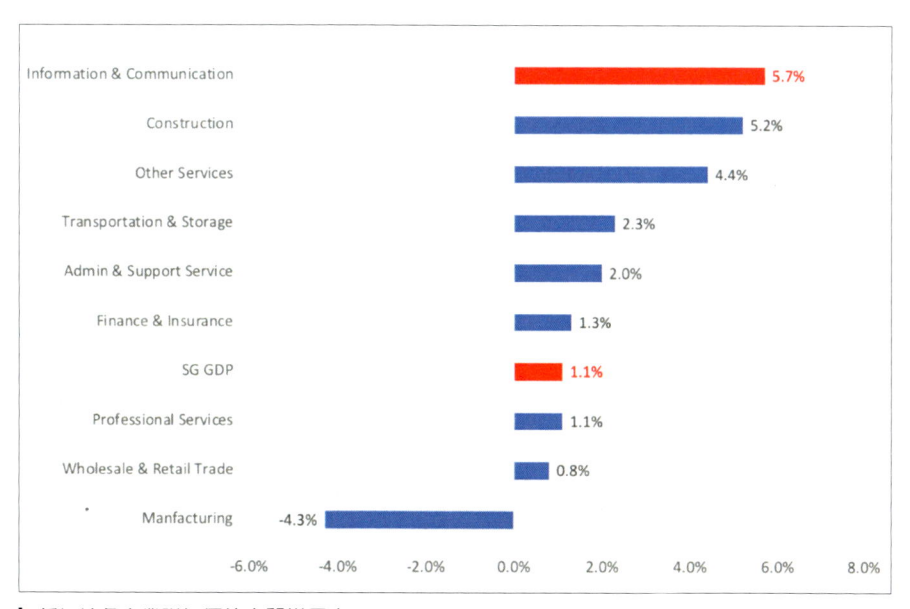

新加坡各產業附加價值實質增長率：2022-2023

第16章　數位經濟飛速增長 比金融業更重要

新加坡的數位經濟發展由資訊通信媒體發展局（IMDA）負責，2023年第一次發布《新加坡數位經濟報告》，2024年發布第二本報告，讓我們更加瞭解新加坡當前的數位經濟總量及發展趨勢。新加坡政府定義，數位經濟包括「資通訊產業」及「其他產業的數位化」。

以總量而言，2023年新加坡數位經濟附加價值高達1,132億新幣，占國內生產毛額（GDP）的17.7%。數位經濟的重要性已經超過金融保險業，與製造業的比重相當。以成長率而言，從2018年至2023年，新加坡數位經濟的複合年均成長率（CAGR）為11.2%，是同時期GDP複合年均成長率（5.6%）的兩倍。

在數位經濟的貢獻當中，約三分之一直接來自資通訊產業的附加價值，另外三分之二來自其他經濟領域數位化的附加價值。2018年資通訊產業附加價值為202億新幣，2023年增長到363億新幣，占整體國內生產毛額5.7%，在2018年至2023年期間的複合年均成長率達到12.4%。2018年其他經濟領域數位化的附加價值為463億新幣，2023年增長到769億新幣，占整體國內生產毛額12.0%，在2018年至2023年期間的複合年均成長率達到10.7%。

根據產業別檢視，資通訊產業是新加坡經濟主要驅動力之一，2022-2023年該部門附加價值實質增長率為5.7%，是所有產業增長最快的產業，遠比經濟增長率要快四倍。除了營造業增長5.2%與其他服務業增長4.4%之外，其他產業增長率均低於2.3%；相較之下，新加坡經濟成長率為1.1%，製造業甚至為負增長4.3%。

若以特定產業的數位化附加價值來看，金融保險業的數位化附加價值最高，從2018年的245億新幣增加到2023年的375億新幣，複合年均成長率為8.9%。批發業的數位化附加價值增長率最高，從2018年的62億新幣增加到2023年的162億新幣，複合年均成長率高達21.2%。

建築業與製造業的數位化附加價值複合年均成長率均領先金融保險業，分別達到16.9%與11.7%；但是這兩個產業的數位化附加價值均遠低於金融保險業，2023年分別只有8億新幣與86億新幣。

　　從2018年至2023年，新加坡數位經濟的附加價值增加467億新幣，資通訊產業貢獻達到161億新幣、34.5%，金融保險業數位化貢獻達到130億新幣、27.8%，兩者合計貢獻高達291億新幣、62.3%。也就是說，資通訊科技與金融科技發展是新加坡數位經濟發展的最大功臣。

　　綜合而言，2024年新加坡的數位競爭力在全球是第1名、亞太地區是第1名，其數位經濟的增長率非常快速，超過六成的貢獻來自資通訊產業與金融科技發展。新加坡數位經濟的重要性已經超過金融保險業，與製造業的比重相當。

　　再進一步看，從2020年至2022年的疫情提供新加坡非常良好的機會推升數位經濟快速增長。從2019年至2022年新加坡數位經濟的附加價值複合年均成長率高達16.8%，占GDP的比重增加2.8個百分點；而疫情結束後的2023年，其增長率反而是負增長2.3%，占GDP的比重只維持在17.7%。

新加坡特定產業數位化附加價值:2022-2023

Unit: S$ billion, %

Sector	2018	2023	CAGR
Accommodation & Food Services	0.3	0.4	7.6%
Retail Trade	0.3	0.7	6.8%
Construction	0.5	0.8	16.9%
Real Estate and Admin & Support	0.8	0.9	1.4%
Transportation & Storage	2.2	2.5	3.0%
Professional Services	3.2	4.3	5.9%
Manufacturing	4.9	8.6	11.7%
Wholesale Trade	6.2	16.2	21.2%
Finance & Insurance	24.5	37.5	8.9%

Source: Infocomm Media Development Authority, Singapore Digital Economy Report 2024, p. 8.

第17章　重塑亞洲資產管理版圖

在全球資本流動劇烈轉變的時代，新加坡以其穩健的制度設計、靈活的政策工具與戰略性地位，悄然重塑亞洲資產管理版圖，從後起之秀躍升為亞洲金融新龍頭。

根據2023年數據，新加坡的資產管理規模（Assets under Management, AUM）達4.094兆美元，首次超越香港的3.993兆美元，躍升為亞洲最大的金融中心。這一變化不僅標誌著亞洲金融格局的轉變，也彰顯了新加坡在全球資產管理領域的重要性與競爭優勢。

回顧近年來的發展趨勢，新加坡的AUM增長速度遠超香港。2017年時，新加坡的AUM僅2.438兆美元，與香港的3.106兆美元相差6,680億美元。然而，隨著市場結構變化與政策優勢的發揮，新加坡的資產管理規模迅速提升，逐步縮小與香港的差距。到了2023年，新加坡的AUM終於超越香港，正式奪下亞洲資產管理中心的龍頭地位。

增長動能對比：新加坡勝出

從年增長率來看，新加坡近年的表現尤為突出。2018年至2020年間，其AUM年均增長率分別為3.4%、16.9%與19.4%，與香港的-1.5%、20.8%、22.0%相當。然而，2021年，新加坡AUM增長14.0%，遠勝香港的1.2%，顯示出市場信心明顯轉向。

即便2022年全球市場因新冠疫情低迷，兩地AUM皆受影響，但新加坡僅下降8.8%，跌幅小於香港的14.2%，展現出更強的市場韌

性。2023年，新加坡AUM回升11.8%，而香港僅增長2.1%，這一年成為新加坡正式超越香港的關鍵分水嶺。

長期來看，2017年至2023年間，新加坡的AUM年均複合增長率（CAGR）達9.0%，幾乎是香港的兩倍（4.3%），這也反映出資本流動的明顯轉向。

國際資金湧入新加坡的關鍵因素

1 穩健與高競爭力的營商環境

新加坡一直以政治穩定、法治健全與親商政策著稱，成為全球企業與投資者的首選地點。其卓越的全球競爭力、高素質專業人才、英語工作環境、與安全宜居的環境、完善的資產管理生態系，進一步吸引國際資產管理機構與高淨值人士落戶，成為全球資本青睞的金融樞紐。

相較之下，香港自2019年以來，社會動盪與《國安法》的實施，讓部分國際投資者對其監管環境產生疑慮，促使資本轉向新加坡。

2 靈活且透明的金融監管體系

新加坡的監管環境更具彈性，並提供多項有利於資產管理產業的政策措施。例如，2020年推出的可變資本公司（VCC）架構，為基金提供更靈活的法律結構，吸引了大量私募股權基金與對沖基金進駐。

此外，政府提供家族辦公室稅務優惠，推動新加坡成為全球私人財富管理中心。截至2024年底，新加坡的家族辦公室數量突破2,000家，遠高於香港的450家（2023年底）。

3 稅收與投資誘因

新加坡的稅制對資產管理行業極具吸引力,無資本利得稅使長期投資更具優勢。儘管企業所得稅(17%)與香港(16.5%)相近,但新加坡針對資產管理業提供更多優惠,例如全球基金稅務豁免計劃,使國際資產管理機構更願意將總部設於新加坡。

此外,新加坡已與86個國家簽訂避免雙重課稅協定,降低跨境投資的稅務負擔,進一步提升其國際競爭力。

同時,新加坡政府推行的「全球投資者計劃」也吸引眾多高淨值人士移居當地,進一步推動私人財富管理市場的發展。

4 地緣政治對全球市場影響

在當前全球資本市場的不確定性下,投資者更傾向於將資產分散至低風險市場。新加坡憑藉其地理位置優勢,不僅能輻射整個東南亞市場,還能避開東亞的地緣政治風險,成為全球資金的避風港。

新加坡超越香港,成為亞洲最大的資產管理中心,並不僅僅是數字上的變化,更象徵著全球資本流動趨勢的重大轉向。在政治穩定、靈活監管、優惠稅制及地緣戰略優勢的支撐下,新加坡的金融影響力可能持續增強,可能進一步鞏固其亞洲資產管理龍頭的地位。

新加坡與香港的管理資產：2017-2023
資料來源：Securities and Futures Commission (Hong Kong), Asset and Wealth Management Activities Surveys; Monetary Authority of Singapore, Singapore Asset Management Surveys.

新加坡與香港的管理資產成長率：2018-2023
資料來源：Securities and Futures Commission (Hong Kong), Asset and Wealth Management Activities Surveys; Monetary Authority of Singapore, Singapore Asset Management Surveys.

第18章 外資吸引力大爆發 新加坡跑贏香港

新冠疫情爆發後的這幾年，亞洲市場的外資流向發生了顯著變化，新加坡在吸引外商直接投資（FDI）方面展現強勁增長，而香港的競爭優勢則明顯下滑，中國的FDI流入也在2022年出現158億美元的下滑。

根據聯合國最新統計，2023年全球前四大FDI目的地分別為美國（3,109億美元）、中國（1,633億美元）、新加坡（1,597億美元）及香港（1,127億美元）。值得關注的是，新加坡的FDI總額已超越香港470億美元，與中國的差距也僅剩36億美元，顯示出新加坡在外資吸引力方面的強勢崛起。

新冠疫情初期，新加坡施行嚴格的阻斷措施，但在2020年6月以後分三階段放寬限制，企業逐步復工，外資流入在後疫情時代的新加坡呈現爆發式成長，從2020年的749億美元迅速攀升至2021年的1,267億美元、2022年的1,411億美元，並在2023年進一步增至1,597億美元。

相較同時期的香港，FDI表現顯得疲軟：2020年吸引1,347億美元，2021年微幅增至1,402億美元，2022年則大幅下降至1,097億美元，2023年小幅回升至1,127億美元，但與新加坡的差距已明顯拉開。

歷史趨勢轉變：新加坡彎道超車

回顧歷史，2001年中國加入世界貿易組織（WTO）後，中國與香港的FDI成長迅速，長期處於領先地位，而新加坡的吸引力相對較弱。然而，疫情爆發成為國際經濟賽場的關鍵彎道，全球資本流向發生明

顯轉變，做好長期準備的新加坡把握時機超車，地位更上一層樓。

從不同時期的平均FDI數據來看，2001-2005年間，中國年均FDI達572億美元，香港228億美元，新加坡158億美元。到2011-2015年，新加坡FDI增長至579億美元，但仍只有中國與香港的一半。然而，2021-2023年，新加坡的年均FDI已達1,425億美元，不僅正式超越香港，更迅速逼近中國。

在成長率方面，新加坡的追趕趨勢更加明顯。2006-2010年，新加坡FDI的年均增長率達112.3%，介於香港的150.2%與中國的65.4%，2011-2015年，新加坡FDI的年均增長率減緩到72.5%，仍介於香港的85.7%與中國的33.7%，2016-2020年新加坡FDI的年均增長率持續減緩至37.5%，卻遠高於中國的10.4%與香港的2.3%，2021-2023年新加坡FDI的年均增長率暴增至78.8%，仍遠高於中國的27.2%與香港的11.7%。這一數據顯示，新加坡正迅速成為外資首選地的地位。

資產管理規模：新加坡首度超越香港

不僅在FDI領域，新加坡在亞洲金融中心的競爭力也首次超越香港。根據2023年數據，新加坡的資產管理規模（AUM）達到40,940億美元，首度超過香港的39,930億美元。2017至2023年間，新加坡AUM的年均複合成長率（CAGR）達9.0%，遠高於香港的4.3%，顯示亞洲資金正加速向新加坡聚集。

綜觀近年的發展，新加坡的外資吸引力與金融中心地位均迅速崛起，而香港的競爭優勢逐漸式微。疫情後的全球資本流向變遷，進一步強化了新加坡作為亞洲投資與金融樞紐的地位。在未來，若此趨勢持續，新加坡極有可能進一步擴大與香港的差距，甚至在某些領域對中國形成挑戰。

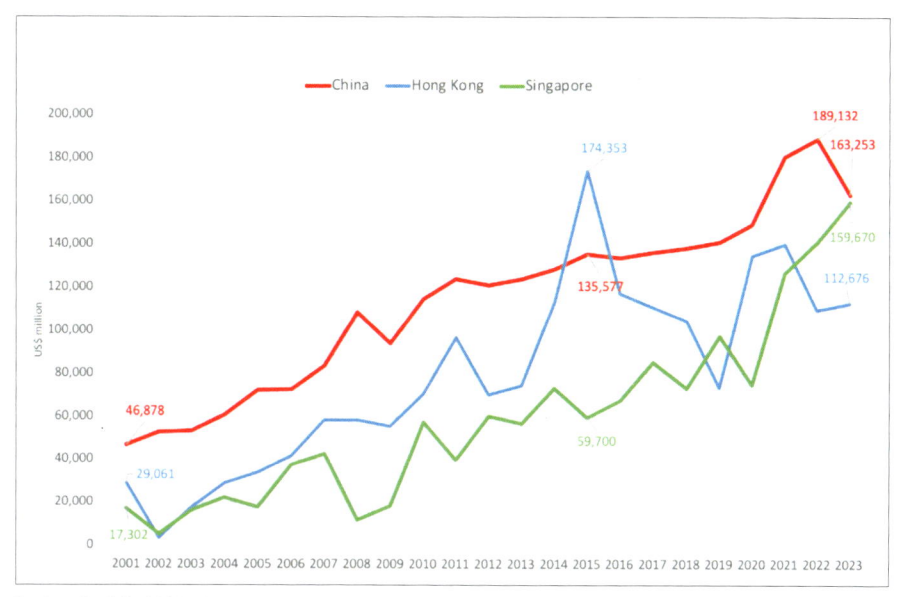

流入之外商直接投資：2001-2023

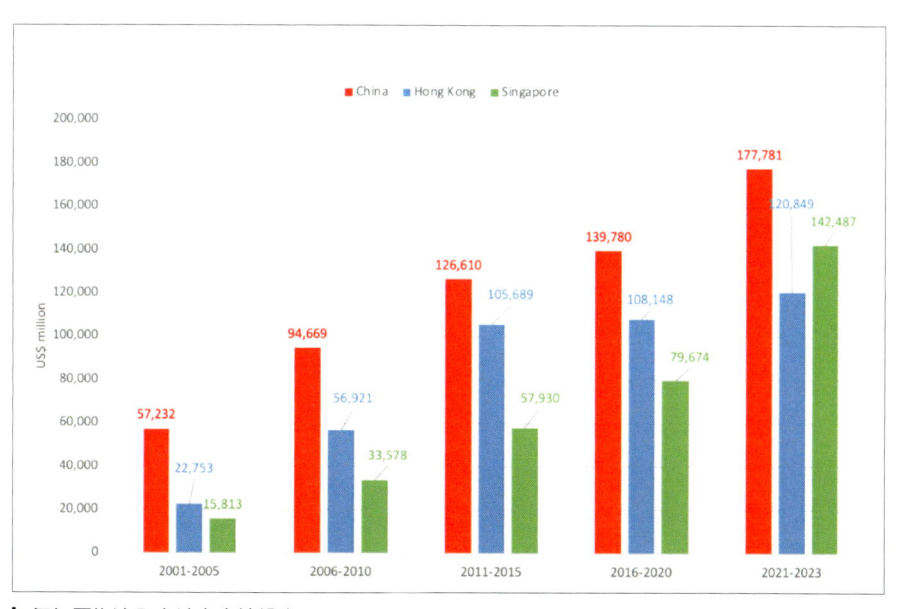

每年平均流入之外商直接投資：2001-2023

第18章 外資吸引力大爆發 新加坡跑贏香港　99

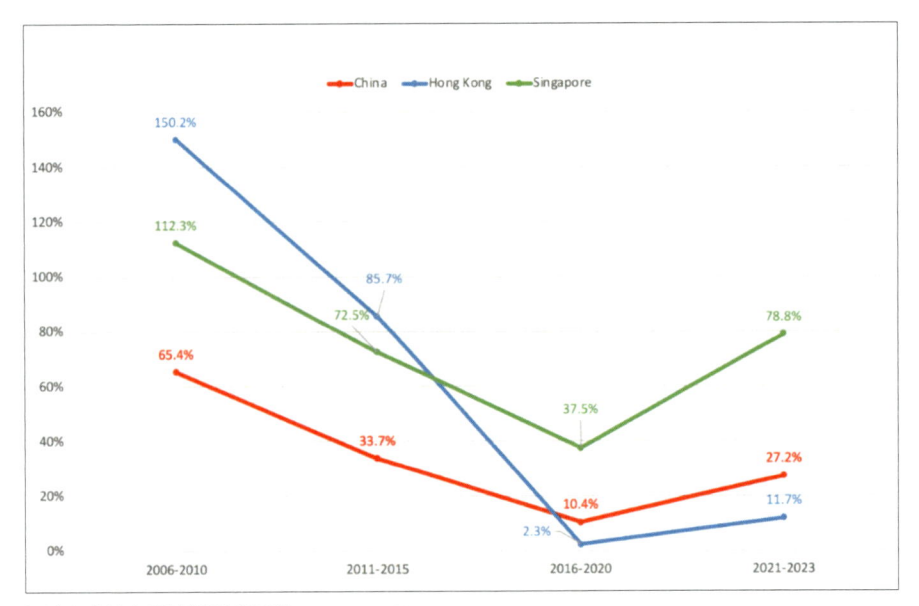

流入之外商直接投資成長率：2006-2023

流入之外商直接投資：2016-2023

100　新加坡六十年：小國大智慧的故事

新加坡和香港的資產管理規模：2017-2023

第19章　創業生態系 疫情後躍升亞洲第一

　　根據國際創業調查公司「Startup Genome」最新發布的「全球創業生態系統2024年報告」，新加坡因具備充滿活力的親商環境及便於與亞洲連通的地理位置，名列「全球創業生態系統」全球第7名、亞洲第1名。

　　從2020年到2022年新加坡的全球排名為第16-18名、亞洲第4-5名，但是疫情後的2023年新加坡的全球排名大躍進到第8名、亞洲排名第2名，2024年再往前進步一名到全球第7名、亞洲第1名。

新加坡的全球創業生態系統排名：2020-2024

年度	2020	2021	2022	2023	2024
全球排名	16	17	18	8	7
亞洲排名	4	5	5	2	1

Source: Startup Genome, November 9, 2024.

　　若以創投交易價值排名，根據2024年9月的統計，新加坡的創投交易金額達到40.5億美元、名列全球第5名、亞洲第2名，落後於矽谷的498.4億美元、紐約的176.9億美元、倫敦的97.1億美元及北京的77.7億美元。

全球前十大創業生態系統的創投交易價值：2024年9月

Source: Enterprises Singapore, SINGAPORE VENTURE FUNDING LANDSCAPE 2024: A Nine-Month Report, November 2024, p. 9.

　　目前新加坡有超過4,500家科技新創公司，500家創投公司，超過220家加速器。詳細來看，從2021年下半年至2023年，新加坡創業生態系統的價值為1,440億美元，相較於前三年的增長率為27%，創造14隻獨角獸，創投投資金額總計240億美元。從2019年至2023年，創投平均投資新創企業退場時間為7.6年，平均退場金額為133億美元，總共從257家企業退場。

　　新加坡不僅在全球與亞洲大放異彩，更在東協獨佔鰲頭。2023年，新加坡在東協地區科技融資領域占主導地位，交易量及交易總值占比分別達到63.7%及73.3%，投資總金額達到61億美元，交易量為522件。

根據2024年9月的最新統計，以投資案件而言，新加坡占東協六國創投的58%，第2名的印尼占16%，第3名的馬來西亞占10%，第4名的越南占7%，第5名的菲律賓占5%，墊底的泰國占3%；以投資金額而言，新加坡占東協六國創投的68%，第2名的菲律賓占18%，第3名的印尼占8%，第4名的泰國占4%，第5名的馬來西亞占2%，墊底的越南占1%。

雖然過去兩年新加坡的全球排名與亞洲排名都顯著提升，但是以新加坡為總部的創投公司投資案件與金額卻連續兩年下滑。2020年的創投案件有419件、金額達到35億美元，2021年竄升到486件及82億美元，2022年再微幅增加到518件及85億美元，2023年下滑到410件及43億美元，2024年再微幅下降到369件及40億美元。這顯示，在疫情期間，新加坡吸引大量全球創投資金，疫情後，全球創投活動顯著減少，但是新加坡的全球競爭力排名卻逆向成長。

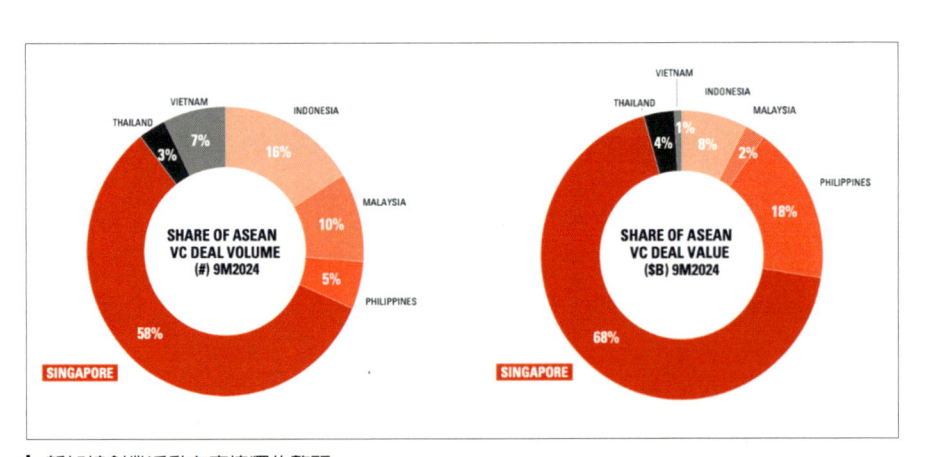

新加坡創業活動在東協獨佔鰲頭
Source: Enterprises Singapore, SINGAPORE VENTURE FUNDING LANDSCAPE 2024: A Nine-Month Report, November 2024, p. 8.

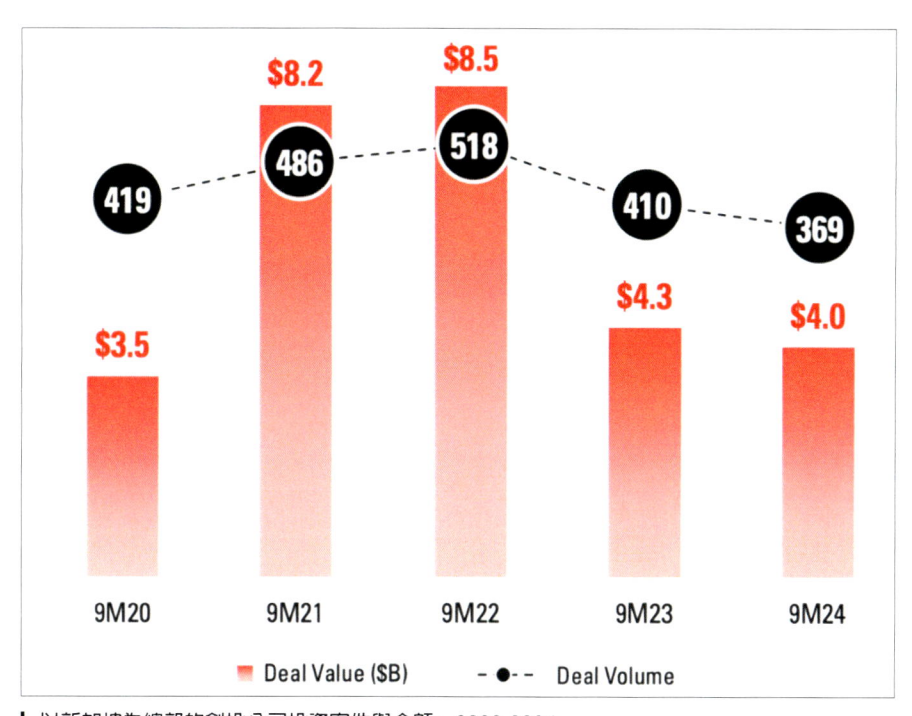

以新加坡為總部的創投公司投資案件與金額：2020-2024
Source: Enterprises Singapore, SINGAPORE VENTURE FUNDING LANDSCAPE 2024: A Nine-Month Report, November 2024, p. 6.

　　為建構新加坡成為全球創新中心，新加坡政府從1991年開始推動五年科技計畫，2010年調整名稱為目前的「研究、創新與企業（RIE）計畫」。新加坡政府提供資金給四大領域的創新機構與研發人才，以發展與商業化前瞻科技，包括「智慧國家與數位經濟」、「人類健康與潛力」、「城市解決方案與永續發展」及「先進製造業與鏈結的全球商業與創新中心」。

為強化新加坡作為全球創業中心,新加坡政府採取三個策略:

首先,涵蓋2021-2025年的最新RIE2025計畫,新加坡政府的預算增加到280億新幣,亦即1%的國內生產毛額,希望創造研究導向的經濟與創業中心,也讓跨國公司集中投資在這些領域及選擇新加坡為亞洲基地。

其次,新加坡相當著重在創新與研發為基礎的精深科技,希望發揮精深科技的長期價值創造潛力及對創業創新生態系統的戰略重要性。新加坡政府剛宣佈,將為「起新－投資」計畫(Startup SG Equity)再投入4億4千萬新幣,總金額將超過10億新幣,以推動海內外創投公司共同投資新加坡精深科技新創企業,以擴大他們的規模。

最後,為連接全球新創企業,新加坡政府已指定新加坡「創業行動社群」(ACE)擔任窗口,於2025年第1季推出「StageOne一站式創業服務中心」,提供有意來新加坡發展之國際新創企業各類落地服務項目,包括公司設立與諮詢服務、成長所需能力建構、市場進入的機會,以協助他們以新加坡作為跳板,建立基地及培養業務成長的能力,進一步拓展全球市場。

第20章 獨角獸生態系：東南亞新創企業的成長熱點

新加坡近年來成功躋身全球新創生態系的領先行列，憑藉風險投資、政府支持政策以及全球市場的戰略位置，發展出蓬勃的獨角獸企業環境。截至 2024 年，新加坡擁有 16 家獨角獸企業（估值超過 10 億美元的未上市公司），在全球新創版圖中佔有一席之地。

到了 2025 年 2 月，新加坡又培養出 9 家新興獨角獸（估值介於 5 億至 10 億美元之間），未來可能順利成長為獨角獸企業，顯示其創新產業的持續成長。

雖然美國依舊主導全球獨角獸市場，擁有 219 家新興獨角獸及 656 家獨角獸企業，中國和印度分別以 168 家和 71 家獨角獸企業緊隨其後，新加坡的進步仍相當值得關注。尤其在東南亞地區，新加坡憑藉其商業友善環境、穩健的金融基礎設施以及強大的政府支持，成為創業家與投資者的熱門據點。

新加坡領先的獨角獸企業

截至 2024 年 6 月，Grab Financial Group 是新加坡資本最雄厚的獨角獸企業，籌集了 40 億美元的股權資金，穩居該國最高排名。該公司主要涉足金融科技與數位銀行領域，遠遠超過其他本地獨角獸。排名第二的是 Trax，這家全球領先的 AI 零售分析公司獲得 10 億美元資金。緊隨其後的是物流與供應鏈新創企業 Ninja Van，獲得 9.75 億美元投資。

其他值得關注的新加坡獨角獸企業包括：

- Quest Global（7.31 億美元）– 工程與產品開發服務
- Coda Payments（7.15 億美元）– 數位支付與金融科技解決方案
- Advance Intelligence Group（6.16 億美元）– AI 金融科技服務
- Carro（5.95 億美元）– 汽車市場與 AI 驅動的汽車金融服務
- ONE Championship（5.15 億美元）– 全球體育媒體與娛樂品牌

這些企業橫跨金融科技、人工智慧（AI）、物流、工程與媒體產業，突顯新加坡在多個領域的競爭力，並進一步鞏固其作為亞洲主要新創中心的地位。

全球新創生態系國家排名第五

儘管市場規模較美國和中國小得多，新加坡依然是全球前五大新創生態系國家之一，並在 2024 年以 37.73 分的總評分進入 StartupBlink 排行榜前列，超越了瑞典和德國，僅落後於加拿大。新加坡在智慧財產保護、營商環境以及世界級基礎建設方面的優勢，使其成為吸引國內外創業者和投資者的重要據點。

新加坡的獨角獸生態系正處於快速成長的軌道上，在風險投資的支持、金融科技的崛起和 AI 創新應用的推動下，不斷壯大。Grab Financial Group、Trax 和 Ninja Van 等公司的成功，展現了新加坡在培育高增長企業並躍升國際市場的實力。

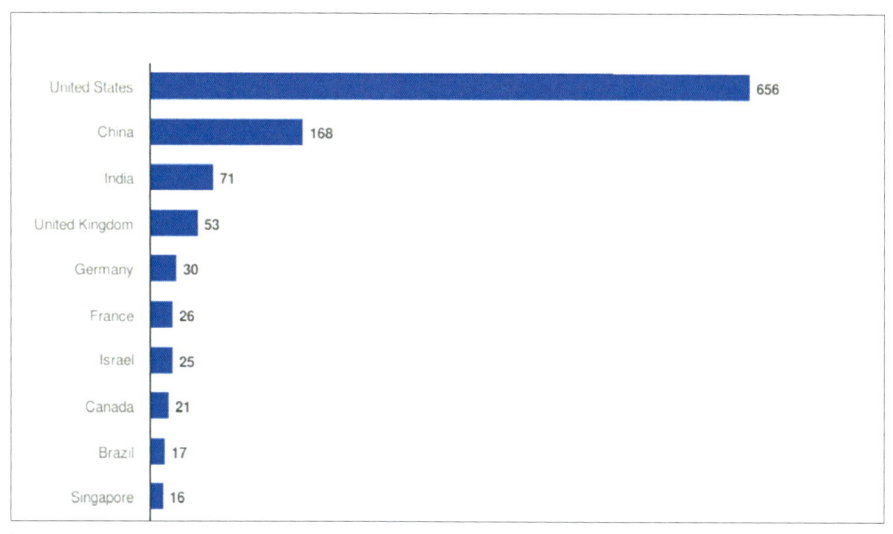

國家	獨角獸數量
United States	656
China	168
India	71
United Kingdom	53
Germany	30
France	26
Israel	25
Canada	21
Brazil	17
Singapore	16

全球獨角獸企業排名：2024
資料來源：World Population Review, via Statista, 2025年3月6日。

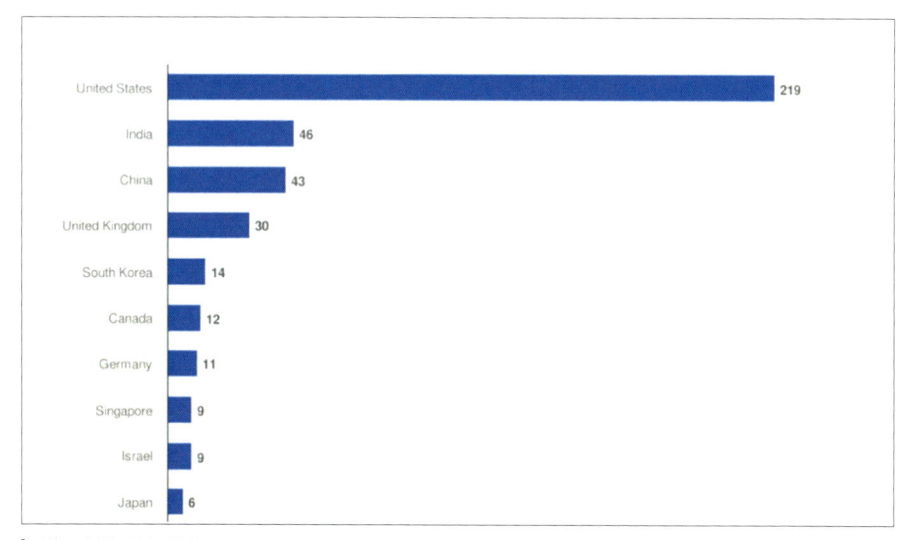

國家	新興獨角獸數量
United States	219
India	46
China	43
United Kingdom	30
South Korea	14
Canada	12
Germany	11
Singapore	9
Israel	9
Japan	6

世界新興獨角獸數量：2025年2月
資料來源：CrunchBase, via Statista, 2025年3月6日。

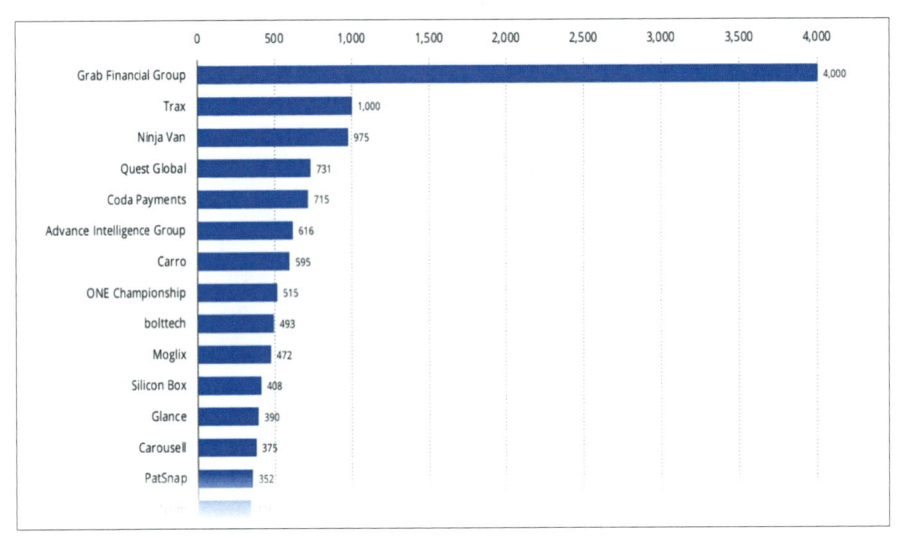

公司	金額
Grab Financial Group	4,000
Trax	1,000
Ninja Van	975
Quest Global	731
Coda Payments	715
Advance Intelligence Group	616
Carro	595
ONE Championship	515
bolttech	493
Moglix	472
Silicon Box	408
Glance	390
Carousell	375
PatSnap	352

新加坡的獨角獸企業排名（以股權融資百萬美元金額計算）：2024年6月
資料來源：CrunchBase, via Statista, 2025年3月6日。

國家	分數
United States	215
United Kingdom	55.99
Israel	51.55
Canada	38.25
Singapore	37.73
Sweden	27.02
Germany	25.83
France	24.89
Netherlands	24.46
Switzerland	24.08

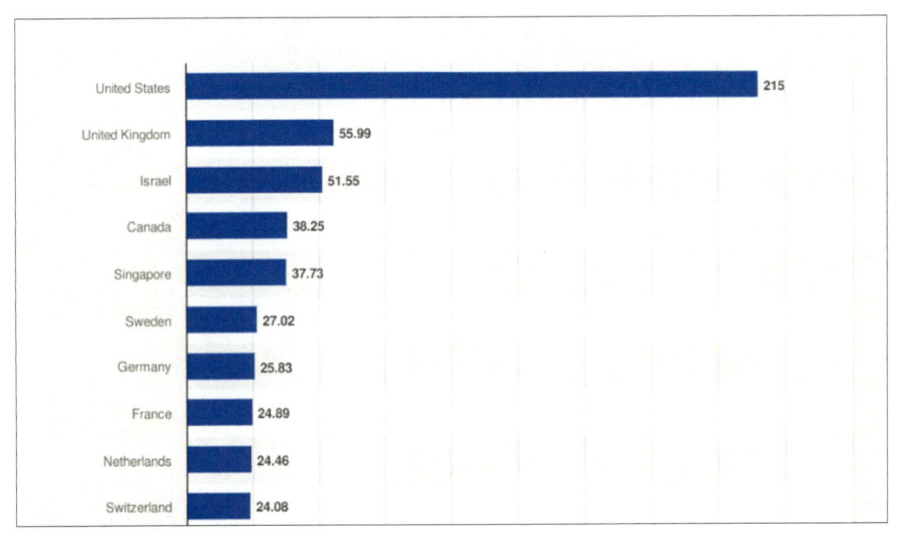

全球新創生態系國家排名：2024
資料來源：Startup Blink, via Statista, 2025年3月6日。

第21章 | 大士超級港：鞏固世界航運與物流樞紐地位

　　新加坡港作為世界航運和物流的重要樞紐，2023年以處理超過3,900萬標箱（標準集裝箱TEU）的紀錄位列全球第二，僅次於上海港；貨物吞吐量達5.9億噸，名列世界前茅。

　　2024年抵達新加坡港口船隻總噸位刷新紀錄，達31億1,000萬總噸，較2023年同期成長0.6%，鞏固新加坡作為全球海事業中心的地位。2024年貨櫃吞吐量突破4,000萬個標準箱（TEU）紀錄，達4,112萬個，較2023年的3,900萬成長5.4%。貨運量亦突破6億公噸，重返新冠疫情前水平。2024年底，新加坡註冊船隻亦首次突破1億總噸，取得8.5%成長，達1.08億總噸。

　　此外，新加坡港是全球最大的轉運港，每年處理約20%的全球轉運集裝箱，連接600多個港口，涵蓋120多個國家。新加坡也是全球最繁忙的船用燃料加油港，每年供應超過5,000萬噸燃油。

　　從2005年至2010年，新加坡曾經是世界上最大的集裝箱港口，直到2011年才被上海港超越。過去五年，中國有六個港口進入全球前十大港口，而且每年吞吐量都持續增加；相對的，新加坡港與釜山港的吞吐量只有微幅增加，香港與鹿特丹港的吞吐量反而呈現衰退。

　　2023年上海港的吞吐量從2019年的4,330萬標箱擴張到4,920萬標箱，新加坡港從3,720萬標箱微幅增加到3,900萬標箱，但是第三名的寧波-舟山港從2,750萬標箱衝到3,530萬標箱，第四名的深圳從2,580萬標箱衝到2,990萬標箱，都對新加坡港造成極大的競爭壓力。

為進一步提升全球競爭力，新加坡在2012年啟動了雄心勃勃的大士超級港（Tuas Megaport）項目，分四階段完成。該港口以集中化、一體化和智慧化為核心理念，旨在整合現有的丹戎巴葛港、吉寶港、布萊尼港及巴西班讓港，創造一個運營效率更高、可持續性更強的港口綜合體。

當大士超級港在2040年全面建成時，占地約1,337公頃，設有66個泊位，總長達26公里，可處理全球最大的集裝箱船，年處理能力將達到6,500萬標箱，比現在吞吐量增加三分之二，將成為全球最大的全自動化港口。

大士超級港的建設融合了多項創新的尖端技術：

1. **自動化與人工智慧**：港口採用自動導引車輛（AGVs）和自動化起重機來處理貨物，結合人工智慧和物聯網（IoT）實現實時監控和效率優化。
2. **5G支持的操作系統**：港口部署私有5G網絡，為自動化設備提供穩定連接，進一步提升生產力。
3. **數位化管理**：透過新一代船舶交通管理系統和數位平台，提升港口運行效率，縮短船舶周轉時間。

大士超級港在建設中融入了多項可持續性措施，包括使用回收的硬岩進行填海造陸和建設。港口的地面高度提升至平均海平面5米以上，以應對氣候變遷帶來的海平面上升風險。此外，港口行政樓的能耗比同類建築減少58%，港口營運將採用低碳設備，例如電動自動化設備和智能電網系統，目標在2050年前實現淨零碳排。

大士超級港第一期工程在2015年初啟動，在2022年9月啟用，完成了414公頃的土地改良（包括294公頃新填土地），製造並安裝221

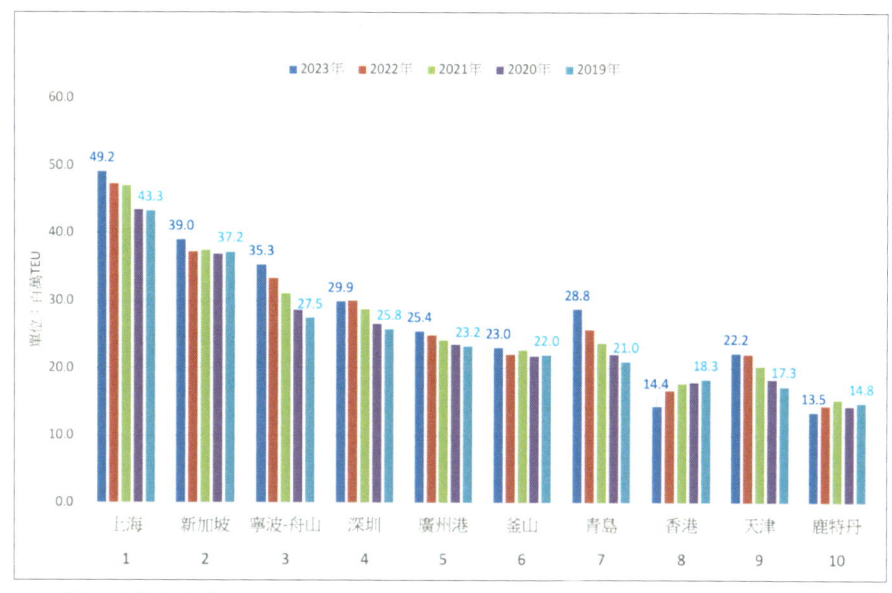

全球前十大集裝箱港口：2019-2023

大士超級港完工示意圖
資料來源：新加坡政府，https://www.sg101.gov.sg/resources/connexionsg/heritage-tuas-port

個十層樓高的沉箱，每個重達15,000噸，用於碼頭和港口結構的基礎，建造總長8.6公里的防波堤，並設有21個深水泊位，預計2027年全面啟用，年處理量達2,000萬標箱。

新加坡海事及港務局於2018年初啟動第二階段填海工程，在2022年4月完成所有沉箱製造，共使用227個10層樓高的沉箱，建造9.1公里的防波堤，並已經啟動第三階段規劃工作。

大士超級港位於新加坡西部，靠近主要的世界航線，與新加坡的陸地交通網絡銜接。港口將成為裕廊湖區、裕廊創新區及大士工業區的核心樞紐，通過打造高度整合的港口產業生態系統，為供應鏈管理和物流效率創造巨大群聚優勢。到2040年代，隨著大士超級港全面建成，新加坡港的全球航運與物流樞紐地位將更加穩固。

第22章 半導體產業蓬勃發展 臺灣是重要合作夥伴

過去十年來,新加坡的半導體產業蓬勃發展,吸引眾多跨國企業投資,成為全球半導體生態系的重要樞紐。根據新加坡政府於2024年的公告,新加坡生產了全球10%的晶片,並供應約20%的半導體設備。

在這段期間,半導體產業的產值增長2.7倍,附加價值更提升3.3倍,兩者的複合年增長率(CAGR)皆達雙位數。同時,該產業對國內生產毛額(GDP)的貢獻也從2.8%上升至5.6%,顯示其對新加坡經濟發展的關鍵影響力。

從產值來看,從2014年到2023年新加坡半導體產業產值的複合年增長率為11.8%。新加坡半導體產業在2014年產值為489億新幣,占製造業總產值的16.0%。隨著全球半導體需求的增長,2017年產值迅速擴張至853億新幣,占製造業總產值的26.5%,並在2018年突破1,009億新幣,占比提升至27.7%。

這一增長趨勢持續至2022年,當年產值達到歷史高峰1,567億新幣,占製造業總產值的33.9%,相當於超過三分之一。然而,2023年受到半導體市場景氣波動的影響,產值略微回落至1,334億新幣,占比降至32.2%,但整體而言,仍維持在相對高位。

若以附加價值衡量,從2014年到2023年新加坡半導體產業附加價值的複合年增長率為14.4%,成長速度更為顯著。2014年新加坡半導體產業的附加價值為112億新幣,占製造業附加價值的17.6%。在2017年,隨著產業擴張,附加價值增長至188億新幣,占比提升至23.8%,

並於2018年突破334億新幣，達到33.6%。

到了2022年，附加價值進一步攀升至552億新幣，占製造業附加價值的40.5%，顯示新加坡半導體產業在全球供應鏈中的關鍵地位。然而，2023年受到市場影響，附加價值降至376億新幣，占比回落至32.5%，仍遠高於十年前的水準。

半導體產業對新加坡GDP的貢獻亦顯著提升。2014年，該產業對GDP的貢獻僅為2.8%，但隨著產業快速發展，2017年增至4.0%，2018年突破6.6%，2021年進一步達到7.4%，並在2022年攀升至歷史高點8.0%。

換句話說，在2022年，每100新幣的GDP中，就有8新幣來自半導體產業，突顯其對國家經濟的支柱作用。然而，2023年由於市場波動，貢獻率回落至5.6%，但仍維持在長期成長趨勢之上。

儘管新加坡半導體產業的產值與附加價值在過去十年間大幅成長，其雇用人數卻維持在相對穩定的水準，顯示出產業生產力的顯著提升。2014年，該產業的員工總數為36,598人，即便到了2018年，產值與附加價值大幅提升，員工人數卻略微減少至34,985人，反映出生產自動化與技術升級的趨勢。

2022年產值與附加價值達到歷史高峰，但員工人數僅35,521人，顯示產業依賴高效生產模式，而非單純依靠人力擴張。2023年，員工人數持續維持在35,284人左右，與前一年相差不大，進一步印證了新加坡半導體產業的高附加值與高生產力發展方向。

整體而言，新加坡半導體產業在過去十年間實現了驚人的成長，不僅在全球市場占據重要地位，也對國內經濟發展產生深遠影響。隨著技術創新、產業升級以及全球半導體需求的持續增長，新加坡半導體產業將持續發展，成為推動該國經濟前進的重要動力。

台新維持緊密合作的半導體夥伴關係

新加坡的半導體產業以外商為主,且生產的晶片皆屬成熟製程(7奈米以上)。其半導體生態系統主要由國際半導體巨擘與本地中小企業組成,涵蓋設計、製造、設備供應、封裝測試及研發等多個環節。

半導體設計領域,台灣的聯發科、瑞昱,美國的高通、博通及邁凌均在新加坡設有據點;晶圓製造方面,美光、美滿、格羅方德、台積電、聯電、世界先進與德國世創電子也在當地投資設廠。

此外,新加坡亦是半導體設備與封裝測試的重要據點。美國應用材料、科磊及荷蘭ASML等設備大廠均在當地設立營運據點,而日月光、長電科技及新加坡本地企業聯合科技則負責半導體封裝測試業務。

同時,許多跨國企業也選擇在新加坡設立研發部門,例如應用材料、超微(AMD)、世創電子及聯發科,進一步強化當地的技術創新與研發能力。

新加坡本地的半導體企業以中小企業為主,主要提供解決方案、材料、設備與零組件給大型晶圓製造商與設備供應商。例如,永科控股是英特爾半導體測試方案的關鍵合作夥伴,而ELH Tech則是3D列印半導體零組件的供應商,服務對象涵蓋全球主要晶圓代工廠。

儘管新加坡成功吸引眾多國際大廠設廠,但全球三大半導體龍頭──台積電、三星與英特爾──皆未在當地建置高階製程晶圓廠。這主要是因為美國、日本與歐洲政府紛紛提供數百億美元的補貼以吸引高端製程投資,而新加坡選擇不參與這場「補助競賽」,將資源集中於吸引成熟製程的半導體投資案。近年來,這一策略確實奏效,新加坡成功吸引多家大型半導體企業投資,生產的晶片應用於汽車、消費電子、行動裝置及工業設備等領域。

近兩年來，新加坡的半導體投資案頻頻落地，展現出成熟製程市場的活力。2022年2月，台灣聯電宣布投資50億美元，興建22-28奈米製程晶圓廠；2023年7月，美國格羅方德投入40億美元，建造14與28奈米製程的半導體廠；2024年6月，台灣世界先進與荷蘭恩智浦宣布聯手投資78億美元，興建28奈米及以上製程的半導體廠。

台灣與新加坡的半導體產業合作歷史悠久，對全球供應鏈的穩定發揮了至關重要的作用。早在1998年，台積電便與荷蘭飛利浦電子及新加坡經濟發展局（EDB）合作，在新加坡投資12億美元成立Systems on Silicon Manufacturing Company（SSMC），生產0.25-0.11微米晶片。同年，台灣日月光也投入3,000萬美元於新加坡發展半導體封裝測試業務，如今該廠員工已超過750人。

2000年，聯電與德國英飛凌共同投資36億美元，在新加坡建造12吋晶圓廠，生產0.13-0.10微米晶片，這是當時新加坡製造業單一最大投資案。新加坡政府對此高度重視，經濟發展局旗下的投資機構EDBI更直接參與投資，持股15%。2022年，聯電再度追加50億美元，擴建生產22-28奈米晶圓，以滿足全球市場需求。

不僅是製造端，台灣在新加坡的研發投資也不斷增加。從2004年至2020年，聯發科已在當地投入3.3億美元，並於新加坡建立全球最先進的研發中心之一，目前雇用約300名研發工程師。2024年6月，聯發科更承諾未來五年將再投資3.7億美元，深化新加坡的半導體技術創新。

台灣與新加坡的半導體產業合作與全球供應鏈分工，也反映在雙邊貿易結構中。2022年，台灣出口至新加坡的產品中，約80%為半導體相關產品，而新加坡對台灣的出口中，半導體產品亦占60%。這種緊密的經濟聯繫不僅促進雙邊產業發展，也大幅提升全球半導體供應鏈的穩定性。

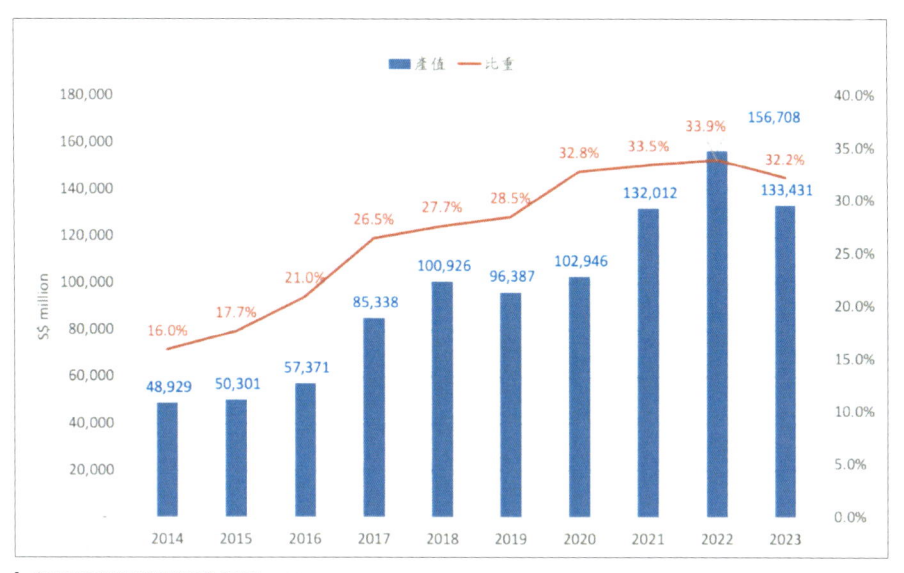

新加坡半導體製造業產值：2014-2023
資料來源：Economic Development Board (Singapore), Feb. 25, 2024.

新加坡半導體製造業附加價值：2014-2023
資料來源：Economic Development Board (Singapore), Feb. 25, 2024.

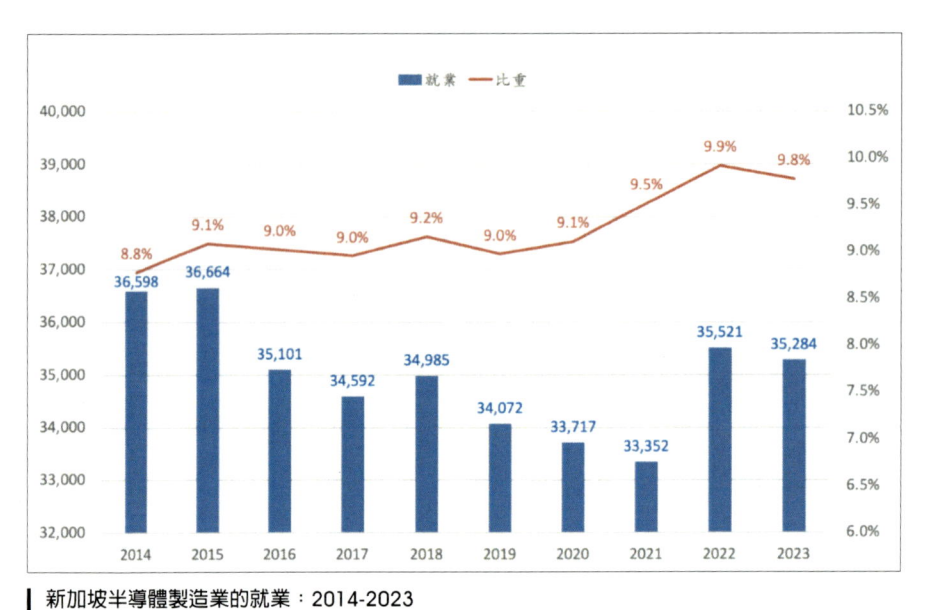

新加坡半導體製造業的就業：2014-2023
資料來源：Economic Development Board (Singapore), Feb. 25, 2024.

第23章 星展銀行嚴格的治理機制：績效與責任並重

2023年，星展集團（DBS）全年獲利大幅成長23%，然而該公司總裁高博德（Piyush Gupta）的可變動薪資卻被削減30%，使其總薪資降至1,123萬新幣（約合2.8億台幣）。原因在於，在該年七個月內發生五次大規模服務中斷，對客戶體驗及企業形象造成影響。為此，公司董事會決定對管理層進行問責，展現出DBS對管理層績效的嚴格要求。

2024年，星展集團延續強勁成長勢頭，全年業績再創新高。隨著企業經營表現顯著改善，高博德的薪資回升至1,758萬新幣（約合4.3億台幣），顯示董事會對其領導績效的肯定。

星展集團的發展歷程與資產規模

星展集團前身為新加坡發展銀行（Development Bank of Singapore），1968年由新加坡政府成立，旨在支持國內產業發展。2003年，該行轉型為全球銀行，正式更名為DBS。截至2024年3月底，DBS的最大股東為新加坡主權基金淡馬錫控股，持股比例約29%，可以說是新加坡唯一的國有銀行。

截至2024年底，星展集團的總資產規模達8,270億新幣，較過去數年持續增長，穩居新加坡及東南亞最大銀行地位。

2024年，星展集團業績表現再創歷史新高，主要財務指標如下：

■ 總營收：2,230億新幣（年增10%）

- 淨利潤：1,140億新幣（年增11%）
- 股東權益報酬率：維持18%，顯示穩健的獲利能力
- 不良貸款比率：1.1%，維持在健康水平

這些數據顯示，儘管2023年面臨技術與服務挑戰，星展集團仍在2024年交出亮眼成績，持續強化市場競爭力。

高博德：新加坡「打工皇帝」的薪資調整

高博德總裁來自印度，擁有豐富的跨國銀行經驗，2009年加入DBS擔任總裁，同年取得新加坡國籍。2022年，他的薪資達1,538萬新幣（約3.7億台幣），因其高薪而被稱為新加坡的「打工皇帝」。

然而，由於2023年銀行系統頻繁發生服務中斷事件，董事會決定削減其可變動薪資30%，使其2023年總薪資降至1,123萬新幣（約2.8億台幣）。這一舉措反映出DBS在面對管理層績效時的高度審慎態度，確保企業領導人須為其管理決策負責。

根據2024年星展集團財報，高博德的薪酬組成如下：

- 固定薪資：150萬新幣
- 現金獎金：664.5萬新幣
- 遞延薪酬：935.5萬新幣
- 其他福利：8萬新幣
- 總薪資：1,758萬新幣

2024年，高博德的薪資回升到1,758萬新幣，較2023年增長57%，重摘「打工皇帝」桂冠，反映出董事會對其領導能力與績效的高度肯定。相比2023年，2024年星展銀行在獲利能力、業務拓展及風險管理等方面均取得明顯進步，而高博德的薪資調整也與這些成果相符。

嚴格的公司治理與績效導向

2023年面臨服務中斷危機時，星展集團對其總裁薪資進行調降，而2024年在績效顯著改善後，則適度增加其總裁薪資，展現出以績效為核心的薪酬策略。

這一治理原則不僅維護了公司聲譽，也樹立了良好的企業文化，強調「績效與責任並重」的核心價值，為金融業界樹立了標竿，證明了管理層的薪酬應與其實際績效掛鉤，才能確保企業長期穩健發展。

高博德在2025年3月卸任星展銀行總裁，在他的16年掌舵期間，星展銀行市值從2009年的350億新幣，增加到如今的1,320億新幣，同時股本回報率從8.4%提高到18%，淨利則從21億新幣增至114億新幣，股價是當年的四倍，展現他卓越的領導成就。

『生產要素篇』

第24章 | 填海造陸的國土持續進化

　　新加坡雖然國土面積有限，卻透過不斷的填海造陸來擴展土地，以應對人口增長、經濟發展與環境挑戰。自1965年建國至2024年，新加坡的國土面積已從581.5平方公里擴大至735.6平方公里，增加了154.1平方公里，增幅達26.5%。

　　這些新增土地推動了經濟、工業、住宅及基礎設施的發展。根據新加坡國家發展部的統計，從2000年至2023年，新加坡的填海造陸面積達到74.5平方公里，總計投入約130億新幣。過去十年間，每平方

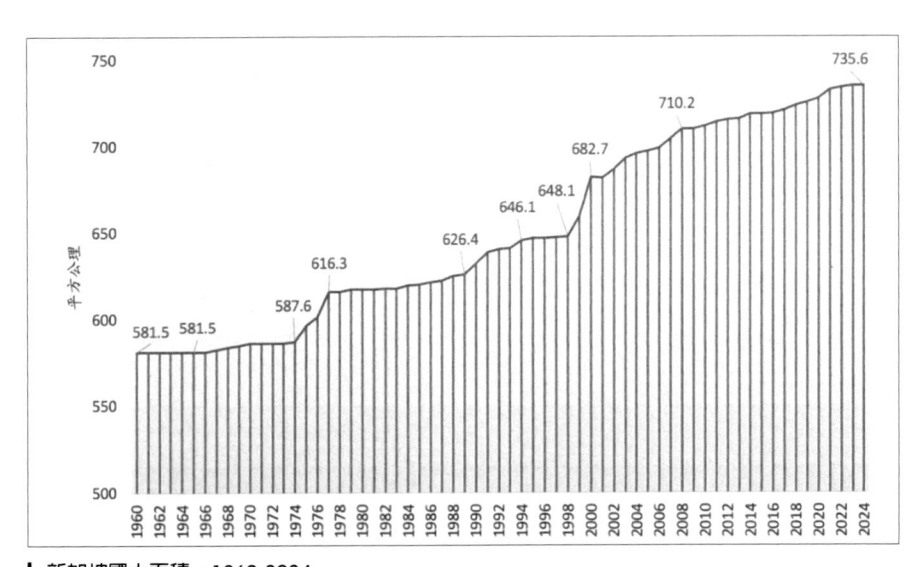

新加坡國土面積：1960-2024
說明：2024年的資料為該年6月資料，其他年份都是年底資料。
資料來源：新加坡統計局，2025年3月3日下載。

公尺的填海造陸成本約介於270至850新幣之間。新加坡政府規劃，到2030年，新加坡國土將進一步擴展至766平方公里，相較建國時增長31.7%。

1965年前英殖民時期：小規模填海

填海造陸在新加坡的歷史已行之有年。19世紀英國殖民時期，新加坡便開始小規模填海，例如1819年填築碼頭、1880年代擴展濱海區域等。1937年，政府在加冷（Kallang）一帶填海，用於興建民用機場與工業區，標誌著填海工程的初步規模化應用。

在1965年前，新加坡填海造陸的總面積約為1.1平方公里，真正大規模的填海造陸始於20世紀下半葉，成為新加坡都市發展的重要策略。

新加坡國土面積變化：1965-2024

單位：平方公里

	1965-1969	1970-1979	1980-1989	1990-1999	2000-2009	2010-1019	2000-2024	1965-2024
增加面積	3.8	32.5	8.6	33.5	50.4	15.4	9.9	154.1
成長率	0.7%	5.6%	1.4%	5.3%	7.6%	2.2%	1.4%	26.5%

說明：2024年的資料為該年6月資料，其他年份都是年底資料。
資料來源：新加坡統計局，2025年3月3日。

1965-1979年：早期填海計畫

1960-1969年間，新加坡共填海3.8平方公里，主要集中在馬林百列（Marine Parade）一帶，開發住宅區，包括私人住宅、學校與公共設施等。

1970-1979年間，填海面積擴大至32.5平方公里，發展範圍涵蓋東

海岸（住宅區）、西海岸（工業區）及北部（蓄水區）。東海岸填海計畫至今已完成數個階段，累計新增19平方公里土地，發展住宅、商業區與東海岸公園，使其成為市民熱門的休閒場所。

1975年起，政府開始填海造陸興建樟宜機場，填海面積最初達8.7平方公里，後續擴展至約20平方公里。如今，樟宜機場已發展成為東南亞航空樞紐，並計畫興建第五航站樓，以應對未來航空需求。

1980-1999年：填海與產業發展

1980-1989年間，新加坡填海8.6平方公里，主要拓展東海岸，並興建濱海中心（Marine Centre），提升中央商業區的規模。此外，雙溪加株（Sungai Kadut）周邊的填海，也促進了工業區發展。

1990-1999年間，擴大填海33.5平方公里。1990年代，新加坡合併七座小島，填海形成裕廊島（Jurong Island），新增面積約32平方公里。如今，裕廊島已成為世界前三大石化工業區，吸引殼牌（Shell）、埃克森美孚（ExxonMobil）等國際企業，提升了新加坡的能源安全與全球市場影響力。

2000-2009年：大規模填海與經濟轉型

在2000年至2009年間，新加坡迎來了填海造陸的高峰期，共新增了50.4平方公里的土地，進一步推動了城市發展。其中，實馬高島被規劃為垃圾處理場，以解決城市廢棄物問題；濱海灣則擴展了中央商業區，新增3.6平方公里的土地，為濱海灣金沙酒店、濱海灣花園及金融中心的建設奠定基礎，使新加坡在國際金融與旅遊領域更具競爭力。此外，聖淘沙的填海工程則大幅推動了當地的旅遊與娛樂業發展，進一步強化了新加坡作為區域旅遊熱點的地位。

2010年後：未來發展與氣候因應

2010年後，新加坡持續推動大型填海計畫，擴展濱海住宅、商業服務區與軍事用地，包括2010年代增加15.4平方公里；2020-2024年間則再增9.9平方公里。

例如，德光島（Tekong Island）原面積約25平方公里，2024年底填海工程完成後，將新增8.1平方公里土地。

為維持全球航運樞紐地位，新加坡自2012年起推動大士超級港（Tuas Megaport）填海計畫，將新增21平方公里土地。該港口為全球最大自動化港口之一，計畫分階段發展，預計2040年全面建成，擁有66個泊位，每年貨櫃吞吐量可達6,500萬標準貨櫃單位，大幅提升新加坡的物流競爭力。

2023年11月28日，新加坡政府宣布「長島（Long Island）」計畫，於東海岸填海造陸，打造一座8平方公里、海岸線長18公里的人工島。該計畫不僅提供住宅、休閒設施與工業園區，還將內陸水域轉為新加坡第18個蓄水池，以提升水資源管理能力。長島地基將提高至海平面5公尺以上，以應對全球暖化導致的海平面上升威脅。

填海造陸的技術與環境挑戰

1 原材料短缺與國土爭端

填海工程需要大量沙石，但全球供應短缺，使建設成本攀升，甚至引發與鄰國的國土爭端。例如，1997年馬來西亞禁止出口沙石，2007年印尼、越南與柬埔寨相繼對新加坡實施禁運，當時新加坡90%以上的進口沙子來自印尼。為降低對進口沙石的依賴，新加坡正研究使用回收建築材料與新填海技術。

2 海洋生態影響

填海工程可能破壞珊瑚礁與漁業資源。新加坡政府採取環保措施，如建立人工珊瑚礁、保護紅樹林生態及設置環境緩衝區，以減少生態影響。

3 氣候變遷與海平面上升

隨著全球暖化加劇，新加坡新填海區如長島計畫，將土地基礎提高至5公尺以上，以確保未來數十年的安全性。

總而言之，從樟宜機場、裕廊島、濱海灣、大士港到長島，新

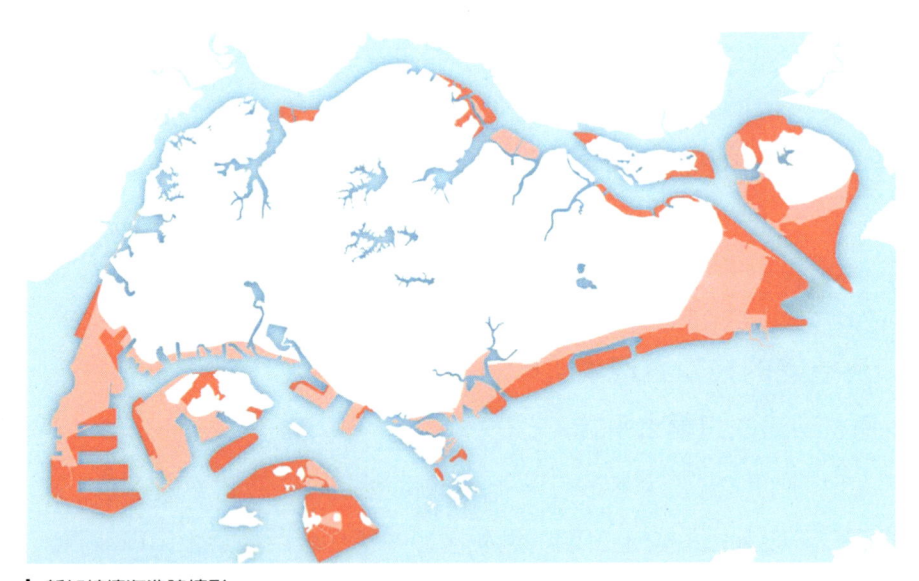

新加坡填海造陸情形

說明：粉紅色為2014年前新加坡填海造陸的情形，紅色為新加坡政府計劃在2030年前完成的填海造陸土地。

資料來源：Lim Tin Seng, "Land From Sand: Singapore's Reclamation Story," April 4, 2017, https://biblioasia.nlb.gov.sg/vol-13/issue-1/apr-jun-2017/land-from-sand/

加坡透過填海造陸成功擴展國土、發展經濟並改善居住環境，進一步提升國際競爭力。這些計畫不僅滿足土地需求，也強化了新加坡在航運、科技與環保等領域的全球影響力。

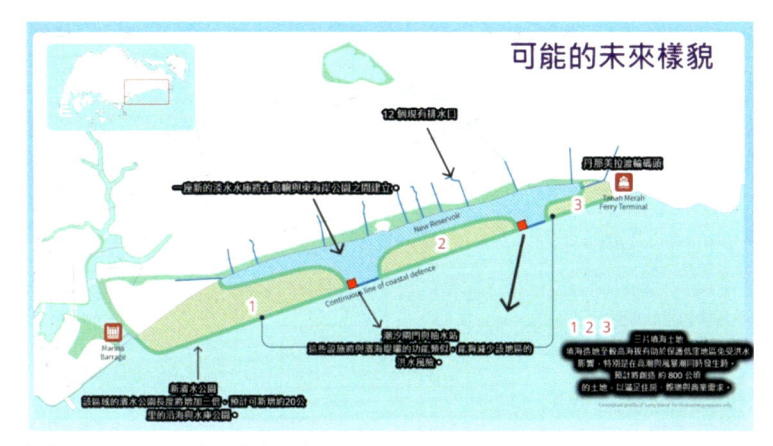

新加坡「長島」填海造陸計畫
資料來源：Urban Redevelopment Authority（Singapore），2025年3月3日。

新加坡「長島」填海造陸示意圖
資料來源：Urban Redevelopment Authority（Singapore），2025年3月3日。

第25章　實現水資源自給：科技創新與環境改造雙管齊下

新加坡國土狹小，天然水源匱乏，長期以來依賴進口水以滿足用水需求。1961年，新加坡與馬來西亞簽訂協議，由馬來西亞柔佛州每日供應新加坡2.5億加侖的水。然而，隨著人口與經濟發展，新加坡每日用水需求已達4.4億加侖，預計到2060年合約屆滿時，需求將高達7.6億加侖。即便有2.5億加侖進口水支援，新加坡未來的供水挑戰仍然嚴峻。

這種依賴進口水的局面讓新加坡在政治上處於被動地位。馬來西亞首相東姑阿都拉曼（Tunku Abdul Rahman）曾直言：「如果新加坡的外交政策不利馬來西亞，我們總可以藉由關掉柔佛的供水站來施壓。」[1] 這一言論突顯了水資源對於新加坡生存的重要性，也促使新加坡政府決心減少對外依賴，發展供水自主的能力。

在政府不懈努力下，新加坡制定了「四大水源」策略，包括集水區水源、進口水、新生水（再生水）及海水淡化技術。2011年，除非遇上嚴重乾旱，新加坡已基本實現供水自主的目標。

目前，新加坡有17個集水區水庫，每天約可以供應0.9億加侖的水，再生水可以生產約2億加侖的水，淡化海水約可供應2.2億加侖的水，應該可以滿足目前大約4.4億加侖的水需求。再加上可以向馬來西亞購買2.5億加侖的水，便可以降低缺水風險。

---

[1] Kuan Yew Lee. The Singapore Story: Memoirs of Lee Kuan Yew. Singapore: Straits Times Press, 1998. P. 663.

新生水技術：污水變清水

新加坡在2003年正式推出「新生水」，這是一種透過高級處理技術將城市污水淨化為可飲用水的高品質再生水。污水經微過濾去除雜質，再透過逆滲透技術過濾微小污染物，最後以紫外線消毒，確保水質符合國際標準。

目前，新加坡共有五座新生水廠，供應約40%的用水，約2億加侖，主要用於半導體等工業用途，部分則混入水庫作為飲用水來源。隨著技術進步和基礎設施擴展，新加坡計劃到2060年使新生水供應全國55%的用水需求。

海水淡化技術：開拓無盡水源

作為四面環海的國家，新加坡積極發展海水淡化技術。目前已建有五座海水淡化廠，每日實際提供約1.3億加侖的水，占全國用水量的30%，預估到2060年仍可以維持供應全國用水需求的30%。

海水淡化的主要挑戰是高能耗，但新加坡透過創新技術降低能耗，如利用高效能逆滲透技術和能源回收系統，將淡化成本逐步下降。新加坡政府計劃進一步推動低能耗淡化技術，期望未來能將能耗降低至目前的三分之一，使淡化水成為更具經濟競爭力的水源。

智慧水管理系統提效降損

除了開源，節流亦是新加坡水管理策略的重要一環。新加坡全島建置智慧水網，透過數位監測系統與人工智慧分析用水數據，精準調控供水與減少水資源浪費。

智慧管網讓新加坡的水損率保持在極低水準，管道漏損率低於

5%，遠優於許多先進國家。此外，政府推行智慧水表與節水計畫，並鼓勵民眾參與節約用水行動。透過這些措施，新加坡有效提升了用水效率，確保有限水資源的最佳利用。

填海造陸與都市規劃擴大集水區

由於天然湖泊稀少，新加坡透過建設人工水庫來增加本地蓄水量。目前約三分之二的國土面積已被劃定為集水區。雨水透過超過8,000公里的龐大排水渠、水道和河流網絡，被引導匯入全島17個蓄水池進行儲存。這些水庫可每日供應約0.8億加侖的水，約占用水的20%。政府對這些集水區實施嚴格管理，以確保水質不受污染。透過完善的雨水收集與過濾系統，這些水庫有效降低了新加坡對進口水的依賴。

新加坡長期進行填海造陸，不僅擴展國土，也提升了集水區面積。例如，濱海灣地區透過填海造陸後，進一步發展為可供集水的地區。此外，新加坡政府在都市規劃中融入「雨水全收集」概念，透過道路排水渠、綠屋頂和濕地生態系統來提高水資源涵養能力。政府計劃將集水土地從目前的67%提高至90%，以確保未來能持續利用本地降水資源，進一步減少對外部水源的依賴。

濱海蓄水池案例：城市水利的典範

濱海蓄水池（Marina Reservoir，新加坡稱Reservoir為蓄水池，即台灣的水庫）興建在濱海水道口，匯集新加坡河及加冷河的水流，集水區高達新加坡土地面積的六分之一，透過濱海灣新區的海埔新生地及河口興建堤壩圍繞而成的廣闊水壩。2008年建成的濱海堤壩將海水隔離，形成一座淡水水庫，可提供新加坡每日約10%的用水。

除了供水功能，濱海水庫也具備防洪與休閒功能。當大雨來臨時，水庫可儲存過量降水，減少市區洪患。水庫周邊設有公園、運動場與水上活動設施，使其成為城市景觀與公共娛樂空間的重要組成部分。

　　新加坡的水資源管理體系，是應對嚴峻自然限制和追求國家戰略安全的成功故事。面對土地狹小、缺乏天然水源的先天不足，新加坡並未屈服於地理宿命，而是透過長期的戰略規劃、持續的科技創新、整合性的制度設計以及全民參與，成功建立了一套多元化、具韌性且日益永續的供水保障系統。

新加坡濱海堤壩
照片來源：Ministry of Sustainability and the Environment (Singapore), March 8, 2025.

「四大國家水喉」策略是其成功的基石。透過最大限度地收集本地雨水、謹慎管理進口水、大規模推行新生水以及大力發展海水淡化，新加坡有效分散了供水風險，顯著提升了應對氣候變化（特別是乾旱）和外部不確定性的能力。尤其是新生水和海水淡化這兩大耐候性水源的發展，不僅是技術上的重大突破，更是保障新加坡未來水供自給自足的戰略支點，其目標是在 2060 年滿足全國 85% 的用水需求。

第26章　能源轉型：既是艱鉅挑戰也是龐大商機

新加坡在2024年7月底與美國簽訂民用核能《123協定》，促進核能相關知識與技術分享與交流，當時新加坡是否使用核能以達成淨零碳排目標變成為熱門話題。事實上，新加坡在2012年便總結，當時的核能技術不適用於地小人稠的新加坡，暫時不考慮興建核電廠，至今並未改變這項政策，但要關注核能技術發展趨勢與維持研究能量。

基於新加坡能源使用占總碳排量的40%，要達成2050年淨零碳排的目標，新加坡在2022年提出《邁向能源轉型2050》報告，認為包括氫氣、地熱與核能的能源科技發展、地緣經濟與國際碳價充滿不確定，但是經濟成長、數位化、交通及其他部門電動化，電力需求必然提升，預估2022-2032年的複合年成長率為2.8-3.2%。此外，太陽能、儲能及電動車等的分散式的能源資源（DER）將大幅爆發，將衝擊既有的電網管理系統。

該報告認為，電力規劃非常具有挑戰性，新加坡政府必須兼顧與平衡三個目標：能源安全、可負擔與環境永續。在當前情勢下，新加坡政府認為產業、政府、民眾與國際社會必須合作，才能達成2050年淨零碳排的目標，同時提供安全與可負擔價格的能源。

基於上述環境與目標，新加坡提出四大電力供應來源：天然氣（2020年占95%的新加坡電力供應）、太陽能、進口電力與低碳新能源。

新加坡政府同時提出九大戰略與二項計畫典範，以達成淨零碳排的能源轉型目標，並善加運用新加坡的科技研發能力與完善電網建

設，創造新加坡企業發展綠能解決方案的龐大商機。

戰略一：新加坡從2022年開始從馬來西亞進口電力。在短期內，建立分散進口來源的區域電網與國際交易平台，進口低碳、有成本效率的能源，並維持效益成本高的備用能源選項，以維持新加坡能源安全。

戰略二：在中長期內，低碳氫能將在新加坡能源供應扮演重要角色。新加坡政府將與國內外夥伴合作，提前投資氫能基礎設施與建立強韌的低碳氫能供應鏈。

戰略三：更廣泛使用太陽能，並大規模運用儲能裝備化解太陽能間歇性供應的問題。

戰略四：預先部署新低碳能源選項，包括碳捕抓、運用及儲存、地熱、生質能源、核分裂小型反應爐及核融合科技，以便在技術成熟後，新加坡可以盡快採用新能源科技。

戰略五：發展新加坡本地能力與服務，以建立國際碳交易市場，處理剩餘而難以解決的碳排放問題。

戰略六：建立多層電網與強化電網基礎設施，以管理快速成長的DER，並改善電網的可靠性。

戰略七：善用數位科技以強化電網規劃與營運，包括先進建模、模擬、人工智能與機器學習，以提高電網可靠性與效率。

戰略八：透過價格訊號及綠色標準，積極管理能源需求成長，提高能源使用效率與擴大節能，以便更充裕地推出低碳能源選項，並使能源價格可負擔。

戰略九：運用智慧管理科技，改變能源終端使用者消費型態與需求，提高電力使用效率與降低電力尖峰需求，以爭取能源供應轉型與電網系統調整更充裕時間。

計畫典範一：面對科技發展不確定性，在整個能源價值鏈當中建立靈活性，為新加坡提供跨越不同能源發展路徑的可選性；在科技發展成熟後，新加坡可以快速相應調整而採取不同能源選項。

計畫典範二：全球其他國家都面對氣候變遷所造成的能源轉型壓力，創造科技發展、碳交易與能源交易的國際合作需求。新加坡將運用強大科技研發生態系統及密集的城市電網，投資新興能源科技，讓新加坡成為創新永續能源解決方案的技術領先者和生活實驗室。

第27章 加強人力資本投資 提升技能與薪資

在全球競爭激烈、技術快速創新的時代，尤其是人工智慧（AI）及其他顛覆性技術的崛起，新加坡政府強調，勞工必須終身學習，不斷提升技能，以應對職場挑戰、提高生產力與薪資，並推動企業轉型升級。

在今（2025）年的預算案中，新加坡政府進一步加大對人力資本的投資，擴大全民終身學習機會，推動技能提升與職業轉型，幫助企業進行勞動力轉型，培養跨國企業領袖，並支持年長者與前受刑人就業。

終身教育投資 提供靈活學習機會

除了15年的基礎教育與企業內部的在職學習外，去年新加坡政府宣布，每人一生可獲得至少30萬新幣（約台幣720萬元）的教育與培訓補助，確保未來50年的持續學習機會。

大學取得的第一個專業學位雖能支持3至5年的職業發展，但隨著技術變遷，勞工需持續進修，甚至考慮取得第二個專業學位。然而，許多中年勞工需兼顧工作與家庭，進修往往充滿挑戰。

「技能創前程提升計畫」 助中年勞工轉型

為協助中年勞工提升技能，新加坡政府在去年推出「技能創前程提升計畫」，每年額外投入1億新幣（約台幣24億元），針對年滿40

歲的新加坡公民提供三大補助：

1. 技能創前程提升補貼：所有40歲以上新加坡人可獲得4,000新幣的培訓補助。
2. 技能創前程中途職業加強津貼：報讀工教院、理工院或藝術學院的第二個全日制專業文憑課程，可獲得最高90%學費補助，補助額度最高達6萬新幣。
3. 職涯中期培訓津貼：長期進修者在學習期間可獲得相當於過去12個月平均收入50%的津貼，每月上限3,000新幣，最高可領取24個月，共計7.2萬新幣。

在今年的預算案中，新加坡政府進一步擴展補助範圍，將培訓津貼延伸至兼職學習者，這些學員每月可獲得300新幣的固定補助，以減輕學習開銷。

強化低薪工人技能升級

新加坡政府亦加強對低薪工人的支持，讓他們能及早提升技能。目前，新加坡政府支持短期培訓課程，讓低薪工人在30歲時開始參與「就業技能計畫」，為企業提供缺勤薪資補貼，確保工人在接受培訓時仍能獲得工資。此外，工人自費進修時也可獲得政府補助。

今年新加坡政府將推出加強版「就業技能計畫」，擴大補助範圍至更長期的課程，以提供全面的勞工技能提升與職業轉型機會。

企業技能提升計畫 促進勞動力轉型

在協助企業提升員工技能方面，新加坡政府推出「未來技能勞動力發展補助金」，補助企業高達90%的新技能培訓費用，以及70%的職務再設計與入職培訓費用。

同時，透過數位化補助方式，新加坡政府簡化「技能創前程企業補助」申請流程。凡擁有至少3名本地員工的企業，可獲得全新的10,000新幣補助，該計畫將於2026年下半年開放申請，有效期三年。

此外，新加坡政府將額外投入約2億新幣支持「全國職工總會」的「公司培訓委員會」計畫，補助企業部分培訓成本，並提高員工在受訓期間的薪資補貼，以幫助更多企業推動勞動力轉型。這也將涵蓋由雇主主導的勞動力培訓計畫，使員工獲得正式資格認證或證書。

培育國際企業領袖 擴展海外發展機會

除了提升整體勞動力素質，新加坡政府亦將投入更多資源，支持本地企業派遣新加坡員工至海外工作與接受領導培訓，培養具備跨國經營能力的企業領袖，並為有潛力的本地人才提供更多國際發展機會。

支援年長勞工與前受刑人就業

對於年長勞工，新加坡政府將「年長者就業補助計畫」延長至2026年底，雇主若聘僱60歲以上、月薪低於4,000新幣的年長者，將獲得工資補貼。隨著再聘年齡的提升，政府將補助門檻從68歲提高至69歲，並補貼雇主支付給69歲及以上員工的薪資最高7%。

此外，為幫助前受刑人重返社會，新加坡政府自去年起推動「就業提升補助」，為聘僱前受刑人的企業提供工資補貼。該計畫已支持近700家企業，幫助超過1,500名受刑人獲得就業機會。政府將此計畫延長至2028年底，以鼓勵更多企業聘用前受刑人。

第28章 吸引國際人才：兩年超過10萬專業人士進駐

　　去（2024）年新加坡人口首次突破六百萬人、達到604萬人，相較於1965年建國時的189萬人，不到六十年期間，新加坡人口增長三倍。特別是，2022年前，新加坡人口維持在570萬人以下，但是2022年大幅增加超過28萬人，2023年也增加近12萬人。新加坡人口持續增加的關鍵原因是吸引大量國際移民，包括專業人才與低技術移工。

　　新加坡的總和生育率在1965年建國時高達4.66，但很快便急劇下降，在1977年便低於維持人口數量穩定的2.1、只有1.87，之後總和生

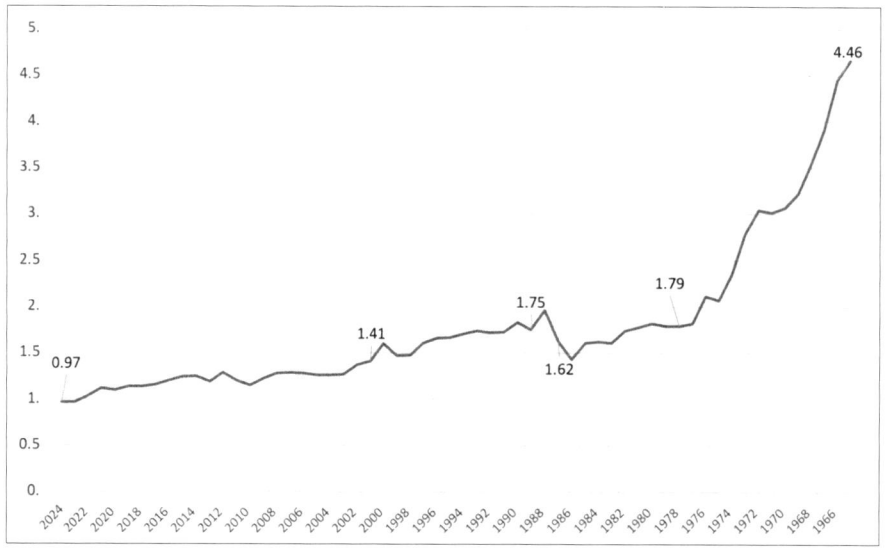

新加坡總和生育率：1965-2024
Source: Singapore Department of Statistics, Immigration and Checkpoints Authority.

育率便再也沒有高過2.1。1986年新加坡總和生育率第一次低於1.5，只有1.43，1998年以後便一直低於1.5，2023年更創下歷史新低、首次低於1的0.97，去年仍維持在0.97。

在建國時，新加坡人口只有189萬人，到1977年人口增長到233萬人，1984年增長到273萬人，1994年再增加到342萬人，2002年達到418萬人。依照人口發展慣性，新加坡總人口大約從2002年後便應該開始減少，但是新加坡的人口繼續從2002年增長122萬人到2013年的540萬人，2024年比2013年再增加64萬人，達到604萬人。

進一步分析，新加坡人口由三部分構成，包括公民、永久居民、非居民。

新加坡公民從2014年的334萬人緩慢增加16萬人到2019年疫情前的350萬人，年均增加3.2萬人。受疫情影響，2019-2021年新加坡公民人數維持在約350萬人，但2022年便快速增加5.6萬人到355.4萬人、2023年再增加5.7萬人到361.1萬人、2024年再增加2.5萬人到363.6萬人。

過去十年，新加坡永久居民人數穩定維持在49-54萬人之間。

疫情前，新加坡非居民人數穩定維持在160-168萬人之間；疫情發生後，2021年非居民人數急速衰退到146.7萬人，2022年增加9.7萬人到156.4萬人，2023年增加20.5萬人到176.8萬人，人數已經超越疫情前，2024年再增加8.8萬人到185.6萬人。

簡言之，過去三年新加坡人口快速增加，主要是公民人數與非居民人口快速增加。然而，非居民人口的專業人士可以轉變成永久居民，而永久居民可以轉變成公民，三者的數量是連動的。

2019-2023年，新加坡政府每年平均授予公民權（新公民）人數為22,378人，而原有公民（舊公民）每年平均增加人數只有4,621人。新公民增加人數是舊公民增加人數將近5倍。也就是說，最近五年，新加坡公民人數增加主要是新加坡政府授予公民權的外國移民，而這些新公民大多數是從永久居民轉換身份的公民。

新加坡公民人數與授予公民權人數：2019-2023

年度	每年平均增加公民人數	每年平均授予公民權（新公民）人數	每年平均原有公民（舊公民）增加人數
2019-2023	26,999	22,378	4,621

Source: National Population and Talent Division, Strategy Group, Prime Minister's Office, Population in Brief 2024, September 2024, p. 21. Singapore Department of Statistics, September 28, 2024.

因為存在專業人士、永久居民、公民三者身份的轉換，不容易清楚辨別三大類人口的實際變動情形。以下再以居民與非居民人數區分，以便釐清專業人士人數的影響。

2019-2023年，新加坡每年平均增加人口數為66,658人，包括每年平均增加居民人數30,932人，以及每年平均增加非居民人數為35,726人。

在居民部分，新加坡每年平均增加居民人數30,932人，而新加坡每年平均授予永久居民權人數32,561人。也就是說，新加坡居民（包括公民與永久居民）人數的增加幾乎都是每年授予永久居民權的居民。

在非居民部分，外國勞動力每年平均增加27,900人，絕大部分都是低技術移工，低技術移工的勞動簽證（WP）每年平均增28,080件。中階技術移工反而在減少，中階技術移工的技術簽證（SP）每年平均減少3,400件。雖然專業人士的就業簽證（EP）每年平均僅增加

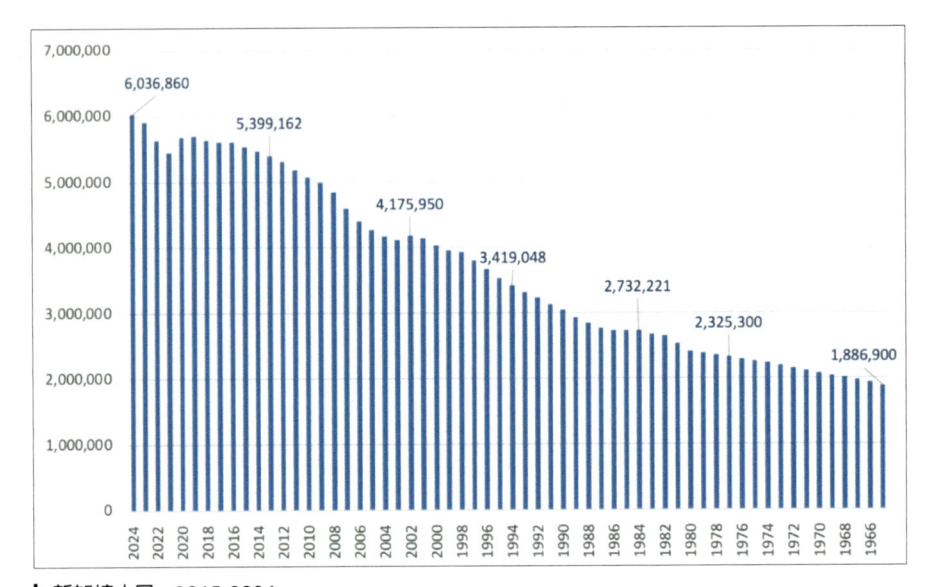

新加坡人口：1965-2024
Source: Singapore Department of Statistics, September 28, 2024.

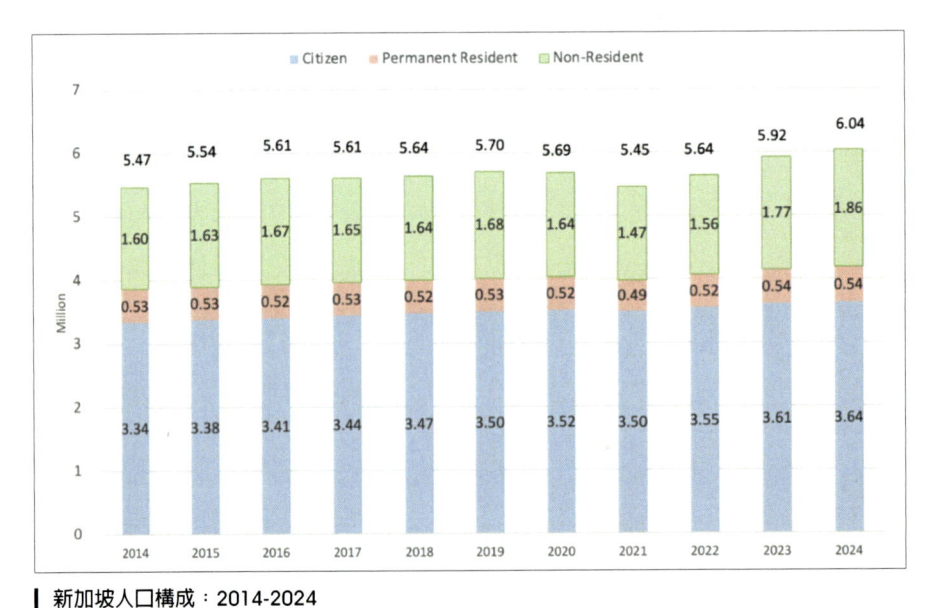

新加坡人口構成：2014-2024
Source: Singapore Department of Statistics, September 28, 2024.

3,920件,但是每年約3.3萬專業人士轉換成永久居民的身份,表示大量國際專業人數持續移民到新加坡。

新加坡人口數與永久居民權人數:2019-2023

年度	每年平均增加人口數	每年平均增加非居民人數	每年平均增加居民人數	每年平均授予永久居民權人數
2019-2023	66,658	35,726	30,932	32,561

Source: National Population and Talent Division, Strategy Group, Prime Minister's Office, Population in Brief 2024, September 2024, p. 21. Singapore Department of Statistics, September 28, 2024.

再以最近兩年來看,2022年授予永久居民權的居民(絕大部分為專業人士)人數為34,493人、2023年為24,491人;2022年就業簽證的專業人士增加25,600人、2023年增加18,100人;2022年勞動簽證的低技術移工增加183,800人、2023年增加79,500人。

總而言之,2022年移民新加坡的專業人士(授予永久居民權的居民加上就業簽證的專業人士增加人數)約增加60,093人(=34,493人+25,600人)、2023年約增加42,591人(=24,491人+18,100人),兩年總共吸引約102,684位專業人士;2022年低技術移工增加183,800人、2023年增加79,500人,兩年總共吸引約263,300位低技術移工。

第29章 外來人才的成功範例：Sea與Grab

　　根據2024年《福布斯》（Forbes）新加坡富豪排行榜，冬海集團（Sea Limited）創始人兼首席執行長李小冬以50億美元的財富位居新加坡第12位，而聯合創始人兼首席營運長葉剛則以28億美元排名第13位。

從零開始的創業之路

　　李小冬與葉剛從2009年白手起家創業，到2025年僅僅16年，便將冬海集團發展成為一個涵蓋線上遊戲、數位金融與電子商務三大核心業務的跨國科技巨頭。

　　李小冬曾在2021年8月以198億美元的身家成為新加坡首富，並在2021年《福布斯》新加坡富豪榜中排名第五，葉剛則排名第七。

　　值得注意的是，這兩位企業家並非新加坡出生，而是來自中國，葉剛到新加坡唸中學、再到美國唸大學，李小冬則是在中國念完大學，再到美國修讀碩士學位，在新加坡白手起家，最終成為億萬富翁。他們的成功，正是新加坡政府長年來積極吸引全球人才的最佳例證。

　　2009年，李小冬與葉剛懷抱夢想，聯手創辦冬海集團。當時，他們只是年輕的創業者，憑藉熱情與願景，逐步將公司打造成為擁有三大核心業務的國際科技企業。旗下業務包括：Garena（線上遊戲平台）、SeaMoney（數位金融服務），以及東南亞最大的電商平台Shopee（蝦皮購物）。

隨著企業規模不斷擴張，冬海集團於2017年10月成功在紐約證券交易所掛牌上市。2024年9月，冬海集團的市值高達445億新幣，是新加坡企業第三大市值的公司。截至2025年3月7日，公司市值已達777億美元，成為東南亞最具影響力的科技企業之一。

Shopee作為冬海集團旗下的電商平台，在全球電子商務市場中占有舉足輕重的地位。2023年4月，Shopee的網站瀏覽量排名全球第四，達5.6億次。到了2024年4月，Shopee在東南亞市場的瀏覽量更是排名第一，達5.6億次，大幅領先排名第二的Lazada（1.4億次）。

2023年，冬海集團的總營收達131億美元，全球員工總數約62,700人，顯示出其強勁的增長與市場影響力。

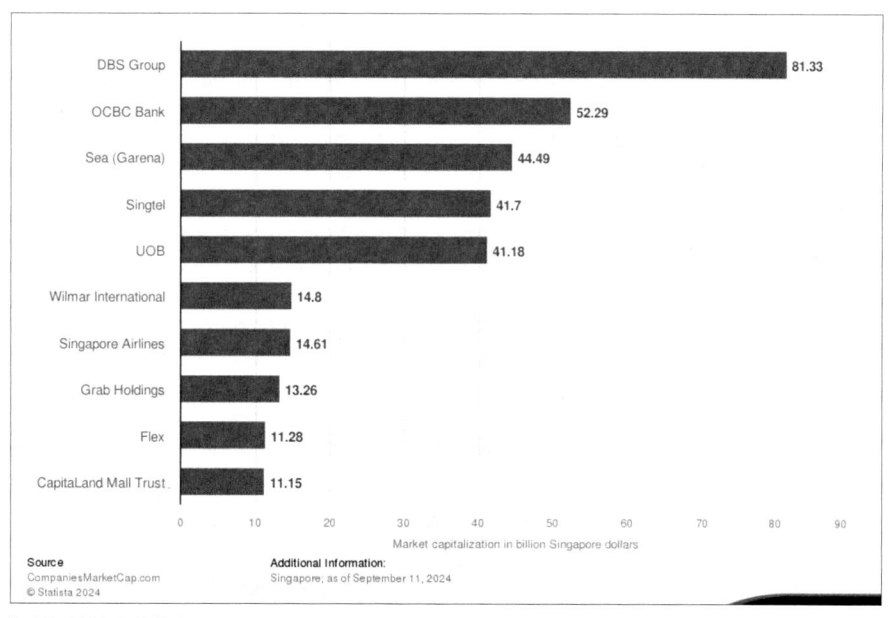

公司	市值（十億新幣）
DBS Group	81.33
OCBC Bank	52.29
Sea (Garena)	44.49
Singtel	41.7
UOB	41.18
Wilmar International	14.8
Singapore Airlines	14.61
Grab Holdings	13.26
Flex	11.28
CapitaLand Mall Trust	11.15

新加坡按市值排名的最大公司：2024年9月11日
資料來源：Statista, March 8, 2025.

葉剛與李小冬的移民歷程

在中國江蘇出生的葉剛與李小冬的妻子馬麗倩，在15歲時便獲得新加坡政府提供的「吸收外國人才獎學金」，前往新加坡接受中學教育。兩人畢業後，均獲得新加坡政府獎學金，並前往美國深造，葉剛選擇卡內基美隆大學攻讀電腦科學，馬麗倩則進入史丹佛大學攻讀商學。作為獎學金的條件，他們畢業後需歸化為新加坡公民，並在新加坡政府部門服務一段時間。

相比之下，李小冬的成長背景則有所不同。他出生於中國天津，父母是國營企業員工，後來在上海交通大學取得工程學位，並前往史丹佛大學攻讀企管碩士。在史丹佛大學求學期間，他結識了馬麗倩，並在她畢業後追隨她來到新加坡發展。

初到新加坡時，李小冬身負高額學生貸款，經濟拮据，與馬麗倩在布萊德路的一間三房式組屋內租住了一個房間。然而，這段艱辛的時光並未阻礙他的創業夢想，反而讓他更加奮發向上。

隨著事業成功，李小冬與葉剛積極回饋新加坡社會，特別是在教育與慈善領域投入大量資源。2021年3月，冬海集團宣布捐贈5,000萬新幣給新加坡國立大學，用於推動人工智慧和數據科學等關鍵領域的科研與教育工作；通過頒發獎學金等吸引和培養學術和研究人才；以及為創新專案和拓展計劃提供種子基金等。

新加坡的全球人才戰略

冬海集團的崛起，不僅展現了企業自身的成功，更是新加坡政府長期致力於吸引全球人才的成果。透過提供高等教育獎學金、營造適合創業與投資的環境，新加坡成功吸引並留住了這些具備潛力的國際

人才,最終孕育出世界級的科技企業。

冬海集團的成功,不僅證明了這些政策的有效性,也再次印證了新加坡作為全球人才樞紐的強大吸引力。與此同時,李小冬與葉剛入籍新加坡後,也體現了企業家的責任感與回饋社會的承諾,積極展現對新加坡的認同與貢獻。

Grab在馬來西亞創立,在新加坡茁壯

新加坡長期致力於打造全球創業與科技樞紐,憑藉穩定的營商環境、完善的金融體系與積極的政策支持,吸引眾多創業者將此地作為發展基地。Grab,這家東南亞最大的「超級應用軟體」(Super App),便是新加坡吸引國際人才、孕育世界級企業的成功典範之一。

Grab(前身為"MyTeksi")由兩位馬來西亞創辦人陳炳耀(Anthony Tan)與陳慧玲(Tan Hooi Ling)於2012年創立,最初僅是一款提供計程車叫車服務的應用程式。隨著市場需求的迅速成長,Grab希望能夠擴大融資並進一步拓展業務版圖,然而馬來西亞的創業環境與投資條件未能滿足這一需求。

2014年,Grab果斷將總部遷至新加坡,並在這裡迅速發展為東南亞最成功的獨角獸企業之一。新加坡完善的創業生態與高度發展的風險投資環境,為Grab的成長提供了堅實的基礎,吸引了眾多國際資本的青睞,推動公司迅速擴展至更廣泛的市場。

值得一提的是,Grab創辦人之一的陳炳耀於2016年正式入籍新加坡,顯示新加坡不僅能夠吸引國際企業,也讓創辦人願意在此落地生根,推動企業長遠發展。

新加坡的政策與金融優勢，加速Grab崛起

新加坡為初創企業提供了豐富的政策支持，從稅務減免、政府補貼，到健全的創投資金體系，皆為Grab這類科技新創企業創造了良好的發展環境。此外，新加坡作為東南亞的金融與科技中心，擁有完善的法規、基礎設施與國際商業網絡，讓Grab能夠順利拓展市場並吸引全球頂尖人才。

遷址新加坡後，Grab迅速獲得國際資本的支持。2014年底，Grab獲得美國Tiger Global與日本軟銀等投資者的2.5億美元注資，估值達10億美元，正式躋身獨角獸企業行列。此後，豐田、現代、滴滴、軟銀願景基金等國際知名企業與投資機構陸續注資，進一步推動Grab快速擴展服務範圍，最終發展為東南亞最具影響力的數位生態系統之一。

Grab助力新加坡成為數位經濟領袖

自紮根新加坡以來，Grab不再只是一個叫車服務平台，而是發展為涵蓋外送、電子支付、數位金融等領域的「超級應用軟體」，其服務已拓展至東南亞400多座城市，成為該地區最具代表性的數位企業之一。

除了擴展交通與外送業務，Grab亦積極進軍數位金融領域，並在新加坡穩健發展。2020年，Grab與當地電信巨頭新電信（Singtel）合作，成功獲得新加坡數位銀行牌照，大幅推動東南亞地區的數位金融服務發展，為數百萬尚未獲得傳統銀行服務的消費者提供更便捷的金融解決方案。

最終，Grab選擇以新加坡為註冊地，在美國納斯達克上市，並於2021年底透過與特殊目的收購公司（SPAC）合併上市，上市估值達

400億美元。這不僅讓Grab成為全球數位經濟的領導企業之一，也進一步強化了新加坡作為全球創業與人才樞紐的地位。

Grab印證新加坡成功的全球人才戰略

截至2025年3月7日，Grab的最新市值約為187億美元，2024年財年的總營收達28億美元，2023年的全球員工總數約為12,000人。這樣的成長規模，不僅使Grab成為東南亞科技產業的龍頭企業之一，也大幅帶動新加坡的就業機會與經濟發展。

新加坡透過提供穩定的創業環境、政府支持與全球資金管道，成功吸引像Grab這樣的企業落地發展，並快速成長為全球級企業。

Grab的成功，不僅為新加坡創造大量高薪就業機會，更進一步推動本地數位經濟與金融科技的創新，強化新加坡作為東南亞創業者與投資人最嚮往的科技與金融創新基地。

從一個外國創業團隊，到全球領先的科技巨頭，Grab的故事再次證明了新加坡的吸引力與競爭力。這座城市不僅扶植企業成長，更匯聚全球創業人才，提供他們發展與壯大的平台。

『教育制度篇』

第30章 九大教育方針 應對AI浪潮與國際新局

　　缺乏天然資源的新加坡高度重視厚植人力資源的教育體系，認為教育能培養價值觀、提升技能、建立國家認同，並促進社會凝聚力。經過六十年的努力，新加坡的教育成就屢獲國際讚譽，名列全球前茅。面對人工智慧（AI）科技浪潮與國際局勢變革，新加坡教育部長陳振聲於今（2025）年2月11日發表演說，回顧新加坡教育發展歷程，並提出九大教育方針，以應對未來挑戰。

教育發展歷程：從建國困境到全球標竿

　　在建國初期，新加坡面臨諸多挑戰，政府認為教育關乎國家存亡，因此投入大量資源，建立統一的教育體系，以達成三大國家目標：

1. 確保國民具備就業所需的技能
2. 建立新加坡人的國家認同
3. 在種族緊張局勢下促進社會凝聚力

　　然而，當時的教育體系面臨三大嚴峻挑戰：學校嚴重短缺，教育基礎設施極度不足；教育體系因語言斷層線而四分五裂，各有不同的課程和考試要求；以及學校由不同團體管理，導致學校教育品質參差不齊。

第一階段（1959-1978）：擴展教育基礎設施

　　1959年新加坡取得完全自治，5月30日第一次舉行大選，李光耀勝選成為新加坡首任總理，政府部門首先著手解決教育資源不足的問

題。1959年至1968年間，教育預算占政府總預算的三分之一，平均每月建造一所新學校。

此外，政府試行雙語教育，1960年開始推動小學英語課程，並於1966年擴展至中學。同時，為統一教育體系，政府於1959年推動統一課程，並於1960年推出「小學離校考試」，確保所有學生的平等教育機會。儘管教育普及化，但70年代末期仍面臨高輟學率與低識字率的挑戰。

第二階段（1979-1996）：分流制度與師資提升

為培育高技術勞工，新加坡於1979年推行「分流制度」，根據學生的語言能力與學識水平提供適合的教育課程，以發揮不同學生的優勢，「分流政策」有效降低輟學率並提升教育品質。

1984年推出「資優教育計畫」，這一年非英語授課班的小一新生入學率已下降至該年級總人數的不到1%，政府開始將教育的授課語言統一為英語，並於1987年才最終完成這一轉變。

同時，新加坡也強化對教師的支持與培訓，1973年將「師資訓練學院」改為「教育學院」，為準教師提供教學培訓，為在職教師開設課程，並進行教學研究。最終，該學院於1991年與體育學院合併，組成「國立教育學院」。

1992年當局開始推動「學習支援計畫」。1997年，新加坡學生在國際數學與科學測試（TIMSS）中獲得第一名，顯示教育改革成果顯著。

第三階段（1997-2024）：科技驅動與多元發展

隨著網路普及與科技發展，新加坡於1997年提出「思維型學校、學習型國家」，強調個人化教育，更全面評估與培養學生的全方位發

展,讓學習更加多元與充實,提升學生的資訊素養與創新能力。具體措施包括:

- 資訊科技總體規劃(1997年):普及電腦教育,提升科技應用能力。
- 課程改革(1998年):八年減少24%的課程內容,鼓勵學生自主學習與創造力。
- 多元發展路徑:引進不同課程與學校類型,以滿足學生更廣泛的能力差異與志向需求,培育多樣化的人才。

同時,新加坡強化教育體系支持,提升教師薪資,建立「領導、教育、專業」三軌職涯發展架構,並賦予學校更大自主權與資源。此外,新加坡進一步強化高等教育,構思自主大學的藍圖,並成立新加坡科技設計大學與新加坡社科大學,培育應用型人才。

近年來,新加坡更加強調拓展多元學習與全人教育,以生命週期的方式投資教育,強化學前教育與終身學習:

- 「技能創前程」計畫(2015年):持續提升勞工技能。
- 「成就等級制度」(2021年):讓學生根據自身表現獲得認可。
- 「強化版21世紀技能」(2023年):培養學生的適應力、創新思維、溝通能力與公民素養。
- 「科目編班」制度(2024年):學生可根據能力與興趣選擇不同難度的課程。

面向未來挑戰的九大教育方針

面對社群媒體普及與社會極化,新加坡教育將強調資訊辨識與批判思維。在AI浪潮下,學生需適應並善用新科技、數據科學與AI工具,並終身持續學習新技能。此外,全球保護主義抬頭,學生需強化

國際合作能力,以應對未來挑戰。

面對國際新格局與新科技浪潮,新加坡政府認為學生未來需要擁有三類能力:創造解決未來問題的新價值能力,建立國際連結與促進多元合作的能力,培養、欣賞並運用多元優勢的能力。為此,新加坡教育部長提出以下九大教育方針:

1. 推動多元學習的個人化教育:利用AI科技和數據科學,兼顧品質、規模與成本的學習需求,為學生量身定制課程,實現「一個學生、一個學堂」的學習體驗,以滿足學生多元的能力、需求、興趣和志向。

2. 擴展學習場域與時程:學習不應侷限於學校和書本,而應延伸至世界,培養學生自主學習與終身學習新技能的能力。

3. 提升和支持教師:讓教師接觸不同產業和領域,並與產業界、社區和家長建立夥伴關係。

4. 深化雙語教育:維持雙語教育的教育核心地位,以促進國際交流、理解多元思維與傳承本地文化。

5. 堅持用人唯才:確保開放與包容性的用人唯才菁英制度,讓每個人發揮自己的最大潛能。

6. 審慎推動變革:對推動變革時機需保持敏銳的判斷力,並維持政策的一致性與執行的決心,以確保教育改革順利進行。

7. 強化教育合作:促進教育部、專業機構及各級學校之間的緊密合作與創新交流,確保整個教育體系保持開放與創新。

8. 尊重教育工作者:提高教師社會地位,以吸引優秀人才投身教育,確保教育品質與國家發展。

9. 確保每位學生獲得公平教育機會:幫助學生獲得良好教育,並營造一個能夠讓他們實現夢想的環境。

國際學生評估項目表現最佳十大教育體系：2022年

閱讀測試		數學測試		科學測試	
教育體系	平均分	教育體系	平均分	教育體系	平均分
新加坡	543	新加坡	575	新加坡	561
愛爾蘭	516	澳門	552	日本	547
日本	516	台北	547	澳門	543
韓國	515	香港	540	台北	537
台北	515	日本	536	韓國	528
愛沙尼亞	511	韓國	527	愛沙尼亞	526
澳門	510	愛沙尼亞	510	香港	520
加拿大	507	瑞士	508	加拿大	515
美國	504	加拿大	497	芬蘭	511
紐西蘭	501	荷蘭	493	澳大利亞	507
OECD 平均	476	OECD 平均	472	OECD 平均	485

資料來源：經濟合作與發展組織（OECD）公佈的2022年「國際學生評估項目」（PISA）結果。

中小學生數理表現最佳前十大教育體系：2023年

名次	小四數學	平均分	小四科學	平均分	中二數學	平均分	中二科學	平均分
1	新加坡	615	新加坡	607	新加坡	605	新加坡	606
2	臺灣	607	韓國	583	臺灣	602	臺灣	572
3	韓國	594	臺灣	573	韓國	596	日本	557
4	香港	594	土耳其	570	日本	595	韓國	545
5	日本	591	英格蘭	556	香港	575	英格蘭	531
6	澳門	582	日本	555	英格蘭	525	芬蘭	531
7	立陶宛	561	波蘭	550	愛爾蘭	522	土耳其	530
8	土耳其	553	澳大利亞	550	捷克	518	香港	528
9	英格蘭	552	香港	545	瑞典	517	捷克	527
10	波蘭	546	芬蘭	542	立陶宛	514	愛爾蘭	525
	國際平均	503		494		478		478

資料來源：國際教育成就評估協會公布的「2023年國際數學與科學趨勢研究」（TIMSS）結果。

第31章 國際學術諮詢小組在大學的關鍵角色

當前新加坡僅有364萬名公民,但根據QS世界大學的最新排名,新加坡國立大學(NUS)從2020年的全球第十一名,攀升至2025年的全球第八,並居亞洲第一。此外,南洋理工大學(NTU)亦表現亮眼,排名全球第十五,為亞洲第三。

回顧歷史,2007年NUS的全球排名僅為第33,直至2016年進入前15名,如今更攀升至世界第8,與哈佛大學(第4)及史丹佛大學(第6)相差無幾,並穩居亞洲第一。

這一非凡成就,無不彰顯新加坡政府的遠見與努力。而在這一過程中,新加坡國際學術諮詢小組(International Academic Advisory Panel, IAAP)扮演了舉足輕重的角色,協助大學構建長遠發展的願景、上層架構與戰略藍圖。

IAAP的使命與貢獻

IAAP成立於1997年4月,每2至3年召開一次會議,由副總理主持,教育部及多位部長共同參與,旨在確保新加坡的大學在全球競爭中保持領先地位,並吸引國際人才來新加坡求學,進而培養適應全球化經濟發展的優秀畢業生。

該組織的主要職責包括提供專業建議,協助新加坡大學確定最佳發展策略,掌握教育與研究趨勢,並強化學術機構的國際影響力。

IAAP成員涵蓋來自世界頂尖大學(如麻省理工學院、約翰霍普

金斯大學、加州大學洛杉磯分校、劍橋大學、牛津大學、西北大學、澳洲國立大學、東京大學、北京大學、復旦大學、韓國科學技術院）以及跨國企業（如ABB、字節跳動）的領導人。

新加坡政府高度重視 IAAP 的建議，並據此制定了一系列高等教育戰略，影響範圍涵蓋：

- 推動新加坡國立大學與南洋理工大學的學術卓越發展
- 促進新加坡大學課程的國際化
- 強化研發能力，推動創新與創業生態系統
- 吸引國際大學來新加坡設立合作計畫與海外校區

重大會議與決策

2005年1月會議：推動大學自治與財務改革

該次會議為期四天，IAAP 成員與新加坡國立大學、南洋理工大學及新加坡管理學院的校方代表與教職員進行深度交流，並廣泛探討大學自治、治理結構、募款機制及成立卓越研究基金會等議題。

IAAP 強烈支持新加坡大學轉型為自治機構，賦予大學自治委員會更大自主權，以提升教學與研究品質、強化國際學術地位、豐富學生學習體驗，並培養能適應全球快速變遷的優秀人才。

此外，IAAP 亦關注學費負擔與教育普及性，強調大學自治不應影響新加坡學生接受高等教育的可及性。學費調整需與社會充分溝通，並與教育品質提升相匹配。政府與大學則應提供適當的學費補助，確保任何有潛力的學生不會因經濟因素而錯失受教機會。

在財務方面，政府承諾持續提供資金支持，並透過配對捐款機制鼓勵大學擴大募款來源，以確保財務永續發展。IAAP亦建議大學多元化財務資金來源，減少對政府補助的依賴。

IAAP指出，大學自治的前提是更強的責任機制，包括：
- 政策協議（Policy Agreements）
- 績效協議（Performance Agreements）
- 品質保證框架（Quality Assurance Framework）

這些機制確保大學的發展戰略與國家目標保持一致，持續提升教育品質，並有效運用政府資源。此外，各大學應加強與利害關係人（如教職員、校友、學生及社會大眾）的溝通，確保決策過程透明，並廣泛接受監督與評估。

2022年6月會議：聚焦持續進修與終身學習

在2022年的IAAP會議中，當時的新加坡副總理黃循財、國務資政尚達曼及教育部長陳振聲，與諮詢委員共同探討新加坡高等教育的未來方向。

黃循財副總理特別指出，新加坡科技學院（SIT）及新加坡社科大學（SUSS）的成立，正是IAAP建議的成果。他強調，IAAP匯聚來自全球頂尖學府的領導見解，確保新加坡大學能夠迅速調適與創新，以滿足社會需求。

該次會議的主題聚焦於持續進修與終身學習，倡導大學教育應超越傳統的學生培養，進一步支援在職人士適應快速變遷的全球環境，提升整體國民競爭力。

總而言之，IAAP透過專業見解與全球視野，為新加坡大學發展提供關鍵指引，使其在短短數十年間，從區域性學府躍升至世界級頂尖學府。

第32章 兩所大學國際排名領先之要訣

過去14年，新加坡大學追求卓越辦學與積極推動國際化，在國際教育諮詢公司QS的世界大學排名榜中大幅躍升。新加坡國立大學從2012年的世界大學排名第25名、進步到2016年的第12名、2020年維持在第11名、2025年再進步到第8名（亞洲排名第1名）。南洋理工大學也是進步快速，從2012年的世界大學排名第47名、2016年進步到第13名、2020年維持在第11名、2025年微幅退步到第15名（亞洲排名第3名）。

2025年QS世界大學排名運用9方面的指標衡量全球超過1,500個大學：學術聲譽（占30%）；雇主聲譽（占15%）；師生比（占10%）；

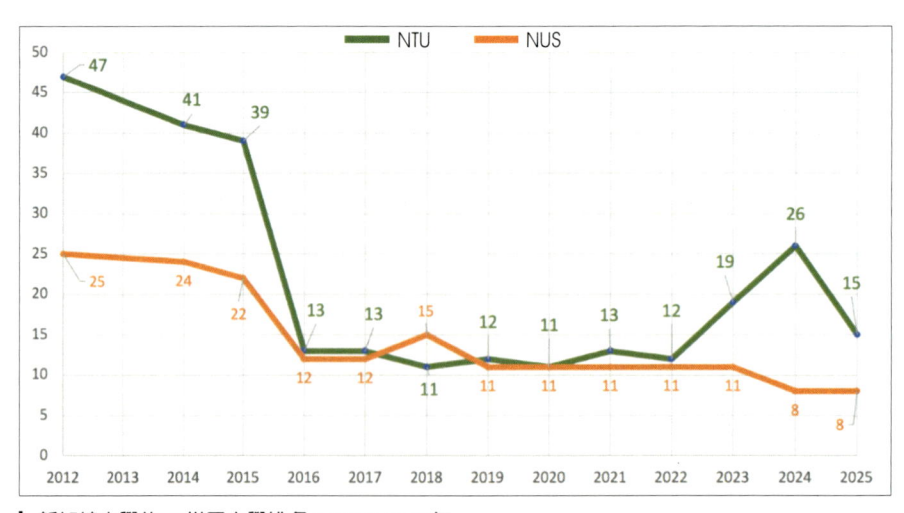

新加坡大學的QS世界大學排名：2012-2025年

每位教師論文引用率（占20%）；國際教師比重（占5%）；國際學生比重（占5%）；國際研究網絡（占5%）；就業結果（占5%）；可持續性（占5%）。國際教師比重、國際學生比重、國際研究網路等三項目標可以稱之為國際化程度，評分比重共計占15%。

若詳細看2025年QS評鑑資料，新加坡大學的國際化程度與延聘國際著名學者是獲得國際教育評鑑高分的很重要因素。

例如，2024年2月22日，新加坡南洋理工大學宣布，任命著名的荷蘭前衛福與體育部長庫珀斯（Ernst Kuipers）教授為新任副校長；11月20日宣布，任命德國籍生醫科學家沃爾夫魯姆（Christian Wolfrum）為副校長兼教務長。連續兩宗重要任命案凸顯南洋理工大學致力於追求國際化與卓越辦學，2025年才會被QS評比為世界第15名、亞洲排名第3名的大學。

庫珀斯教授是著名的胃腸病學家，2013-2022年擔任伊拉斯姆斯大學（Erasmus）醫學中心醫學教授與首席執行官，2015-2022年間也擔任國家急性護理網路主席，在過去二年擔任荷蘭的衛福與體育部長。2024年5月開始，他被任命為南洋理工大學最高級別的傑出大學終身教授兼任副校長（研究），可說是結合學術成就、實務參與、領導管理與國際研究網路的卓越校務領導人。

沃爾夫魯姆教授現為瑞士蘇黎世聯邦理工學院（2025年QS世界大學排名為第7名）的研究副院長，他的傑出學術研究獲得國際諸多獎項肯定，包括卡夫曼獎、兩項歐盟年輕學者獎、蘇黎世聯邦理工學院羅斯樂獎。2025年7月他將擔任南洋理工大學副校長兼教務長，同時擔任首席學術官，負責監督各學院院長和學系主任，推動教學和研究發展。

總體國際化程度有助提升世界排名

2024年南洋理工大學有學生25,860位,其中的國際生有8,089人,占全部學生的31%、占研究生的58%;教師總共有3,844位,國際教師占65%。該校的國際教師比重的評分也是滿分、國際學生比重的評分為83.5分、國際研究網路的評分為89.4分,總體國際化程度的評分為91.0分。

再檢視2024年世界排名第8,亞洲排名第1的新加坡國立大學的相關數據,該校有學生33,889位,其中的國際生有12,057人,占全部學生的36%、占研究生的62%;教師總共有4,554位,國際教師占65%。該校的國際教師比重的評分為滿分、國際學生比重的評分為88.9分、國際研究網路的評分為91.6分,總體國際化程度的評分為93.5分。

比較2025年QS世界大學排名前十五名大學,更可以看出新加坡大學國際化對其世界排名的助益。

2025年QS世界大學排名第1名的麻省理工學院(MIT)的國際化程度評分為94.0分(國際化程度的世界排名為第7名),新加坡國立大學為93.5分(國際化程度的世界排名為第8名),落後MIT僅僅0.5分,南洋理工大學為91.0分(國際化程度的世界排名為第9名),遙遙領先世界大學排名第4的哈佛大學(80.9分)與第6名的史丹佛大學(76.0分),更領先第14名的北京大學(51.2分)將近40分。

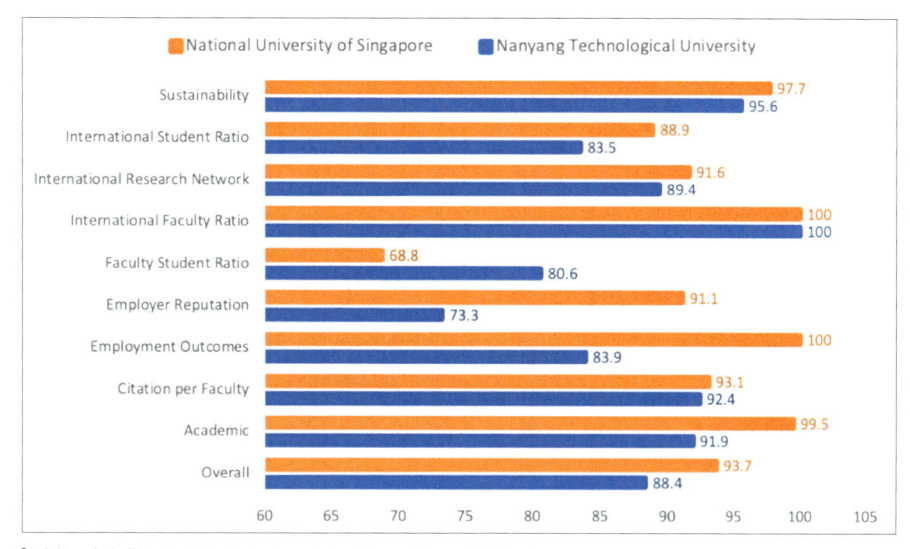

▌新加坡大學的QS世界大學排名（項目評分）：2025年

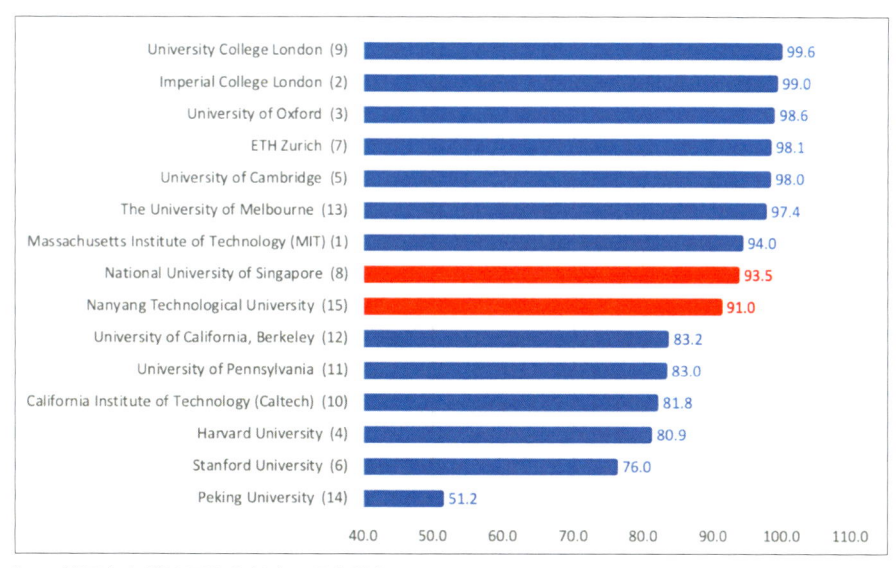

▌QS對頂尖大學的國際化程度評分與排名：2025年

第32章 兩所大學國際排名領先之要訣　167

第33章 培育人才與國家發展相得益彰

新加坡獨立時，新加坡政府強調「教育是國本，人才是我們唯一的資源」，希望藉由教育體系培養出符合國家與社會發展需求的高素質人才，帶動國家與社會的發展，再透過外界資源連結壯大教育體系，讓人才培育與國家發展相得益彰。

感謝一位新加坡南洋理工大學資深教授特別向我解釋新加坡的大學治理。他強調規劃教育體制需要綜觀全局，才能確認大學培育的人才符合國家與社會需求，並落實大學發展的績效。大學要有連結國家與社會資源的平台，及整合跨領域與國際教育觀點的機制，才能引導國家與社會資源挹注大學，同時確認國際潮流、國家目標與社會需求，並促進跨域創新與國際合作，培育更多學以致用的高素質人才。這樣既滿足國家與社會發展的需求，也提升大學的卓越發展能量。

大學的學術研究需要有自由的環境，才能追求創新與卓越，但是如果大學體制的領導人靠學校內部選舉產生，容易產生人情壓力，難以透過有效的領導制度落實大學的發展目標，難以貫徹國家與社會需求的目標。此外，校內教授與國家及社會連結往往存在落差，難以瞭解與培育符合國家與社會需求的人才，也難以引進國家與社會資源壯大學校。

以新加坡國立教育學院（National Institute of Education，NIE）為例，該學院隸屬於南洋理工大學，最高決策機構為NIE理事會（Council），成員由產官學重要領袖組成，包括教育部資深官員、跨部會資深官

員、產業界領袖、國際的大學教育機構領袖、NIE院長、南洋理工大學副教務長、其他新加坡的大學校長組成。

NIE理事會的責任包括下列五大領域：第一、設定NIE的目標與方向；第二，檢視、評估與核可NIE目前的計畫與設施，並提供未來發展建議；第三，協助NIE與對NIE有興趣合作的院外機構聯絡；第四，批准NIE營運與預算計畫；第五，指定工作委員會，以協助NIE理事會擘畫NIE的發展方向。

至於學術專業與行政事宜，則由NIE院長所領導的院務會議為最高決策機構。NIE院長與各學部主任並不是由選舉產生，NIE院長是由校長遴聘、經理事會同意，各學部主任由院長遴聘，任期原則三年、但視需求得延聘，以達成校長與院長設定的學院發展目標。

為了發揮學部領導能力與落實學院發展目標，學部主任可以建議該學部每一位老師的不同起薪、是否續聘、年終獎金及加薪幅度，再由院長核可即定案。每一位老師的年終獎金及加薪幅度可能都不一樣，但不會對外公布，藉此激勵每一位老師，以達成學院設定學術卓越、人才培育與國家貢獻的績效為考核目標。

第34章　教育成為全球化服務業

2023年我到新加坡管理學院（Singapore Institute of Management, SIM）參訪，校園主要由幾棟大樓構成，學生人數大約16,000人，外國學生大約5,000人，台灣學生將近150人。這個學校並不提供獨立學位，而是與全球十個大學合作提供120個左右的學士與碩士學程。

SIM成立於1964年，在1980年代便開始與倫敦大學（University of London）等海外大學合作學位學程。基本上，SIM提供學生大一不分系的各種課程，然後學生再申請進入各國大學就讀，30幾個國際大學承認學生在SIM修讀的學分，其中10所國際大學的課程就可以直接在SIM就讀。

拜訪新加坡管理學院教務長魏國基
圖片來源：作者拍攝，2023年11月20日。

大約有十個國際大學（包括美國的水牛城大學、英國的倫敦大學與伯明翰大學、澳洲的雪梨大學與皇家墨爾本理工大學、法國的格勒諾布爾商學院等等）直接在SIM設有分校，各國際大學的教授會直接到SIM來上課，獲得的學位是各國際大學的學位。而且，在各國際大學SIM分校唸書的同學還可以到母校總校區修課。

可以說，這是教育即服務（EAAS, Education as a Service）的教育模式，也就是SIM是國際教育平台或國際學習中心，SIM提供大一不分系的課程，讓各國際大學到SIM設立分校，各大學教授到SIM授課與輔導，但收取學生比總校區低的學費。各國際大學核准SIM學生入學後，可以承認學生在SIM修習的學分，以儘速讓學生完成學位。

進一步說，2023年新加坡有6所大學，包括QS全球排名第8名的新加坡國立大學及排名第26名的南洋理工大學，2024年8月開學的新加坡藝術大學成為第7所大學。新加坡的大學教育相當全球化，有8所國際大學在新加坡設立有校園的分校，共有17所新加坡教育機構與79

拜訪新加坡管理學院
圖片來源：作者拍攝，2023年11月20日。

所國際大學合作設立外國學位學程。

　　新加坡是僅次於杜拜設立國際大學境外校園最多的國家。如果再加上外國學位學程，新加坡的大學教育可能是最全球化的國家。

　　在新加坡設立有校園分校的8所國際大學分別為：澳洲的James Cook University Singapore與Curtin Singapore，法國的École Supérieure des Sciences Economiques et Commerciales、INSEAD與Sorbonne-Assas International Law School，印度的S P Jain School of Global Management，德國的German Institute of Science and Technology - TUM Asia，瑞士的École hôtelière de Lausanne、美國的DigiPen Institute of Technology。

　　與新加坡教育機構合作的79個國際大學相當多元，其中不少是國際頂尖大學，包括2024年QS全球排名前100名6所、101-300名8所、301-500名6所、501-1,000名12所、1,001-1,200名8所。

第35章　黃金課程的成功範例：國際漢語教學碩士學程

隨著全球化的進程加速，漢語作為國際通用語言的重要性日益提升。現在新加坡的國際學校沒有教漢語，招生可能變得困難，因為家長都認為漢語是重要的國際通用語言。因此，市場對於優秀的國際漢語教師的需求急劇上升。

這一契機促使新加坡南洋理工大學國立教育學院開設「國際漢語教學碩士課程」，該課程不僅填補了市場需求，更成為年收入超過一億台幣的高獲利教育計畫。

全球漢語需求激增，新加坡搶占先機

隨著中國經濟的快速崛起，世界各國對漢語教育的需求大幅提升，新加坡的國際學校也不例外。然而，這些學校普遍面臨專業漢語師資短缺的問題，中文系出身的主流教師並不一定具備國際漢語教學的專業背景。因此，國立教育學院在十多年前便籌劃「國際漢語教學碩士課程」，專門培養能夠勝任國際化環境的漢語教師。

不同於主流中文系的漢語教學方式，該課程並非由中文系教授以中文授課，而是採用漢英雙語教學法，以英語作為輔助授課語言來教授漢語。

這種教學方式符合全球漢語教學的趨勢，使學生能透過英語更有效地理解並運用漢語，從而填補了市場上對於國際漢語師資的龐大需求。

此外，這種課程設計也讓該學程與台灣或中國的主流中文系形成

區隔，避免直接競爭，成功開拓了一片獨特的藍海市場。

彈性學習模式，滿足不同需求

該學程最初構想以晚間在職專班為主，專門為已在職場工作的教師提供專業漢語進修機會。然而，隨著國際學校對專業漢語教師的需求增長，許多學生希望能夠以全日制方式加速完成學業。因此，學程隨即調整，提供兩種學習模式：

1. 全日制課程：為期一年，適合希望迅速進入職場的學生。
2. 在職課程：為期二年，方便已從事教學工作的教師兼顧工作與學習。

這種彈性學習方式，讓來自不同背景的學生都能找到適合自己的學習途徑，也進一步擴大了該學程的招生對象。

百名學生交百萬學費的吸金課程

該課程在創辦初期，首屆僅招收30名學生，然而，隨著國際市場對於專業漢語教師的需求攀升，每年報名人數達數百人，但錄取率極為嚴格，每年僅錄取約100名學生。

每位學生的學費超過4萬新幣，換算台幣超過100萬元，單年度的學費收入即突破1億台幣。此外，隨著課程的知名度不斷提高，學費每年調漲超過5%，仍無法阻擋眾多申請者的熱情。這不僅顯示出該學程的市場競爭力，也突顯了全球漢語教學領域的龐大商機。

新加坡國立教育學院的「國際漢語教學碩士課程」成功順應全球漢語教育的市場趨勢，透過獨特的漢英雙語授課模式、彈性的學習方案，以及嚴格的篩選機制，確保培養出優秀的國際漢語教師。這不僅滿足了新加坡及其他地區國際學校的迫切需求，也為學院帶來了可觀的經濟效益。

第36章 教師的實習新模式：走出校園，接軌產業

　　教育是國家發展的關鍵，而教師則是教育的核心。為了讓教師掌握最新技能，啟發學生對未來職業的探索，新加坡教育部於2003年推出「教師實習計劃」（Teacher Work Attachment），並在2021年修訂為「升級版教師實習計劃」（Teacher Work Attachment Plus）。該計劃為中小學教師提供2至4週的專業學習機會，讓他們走出校園，深入公部門、私營企業或非營利機構，拓展視野並提升專業技能。

　　要成為國家的優秀人才，學生應當有從容應對未來挑戰的能力；想要培養出這樣的學生，就必須讓教師具備所需技能與經驗，培育學生適當技能，同時啟迪學生未來選擇職業的方向，指引學生航向多變、不確定、複雜與模糊的未來。

　　然而，面對全球化、國際環境、社會與科技的瞬息萬變，中小學教師無法再以既有的專業知識教導學生，必須不斷進修與學習，甚至必須學習如何運用新科技（例如人工智慧）進行教學。

　　因此，新加坡政府提出的「升級版教師實習計劃」，提供中小學老師更廣泛的實習機會選擇，包括公部門、私部門及民間機構，以便學習、成長與充電，更加開拓視野與增進專業知識，進而提供給學生更充實的、相關的與權威的課程。獲得實習職位的中小學教師不必請假，就可進行長達四周的實習，有時候教師必須從頭開始學習，例如人工智慧與資訊安全。

　　這些專業學習經驗特別規劃能跨越不同產業群或部門，並設計瞭

解每個產業未來趨勢、挑戰與機會。例如，新加坡教育部公布的幾個老師實習案例，包括到美國超微半導體公司（AMD）的新加坡分公司、新加坡的綠色回收公司及新加坡的網絡安全局學習。實習時，老師可以跟著一位業界主管學習，或進行一項專案計畫。

從2017年至2022年，每年有約100名中小學教師參加實習計劃，近年來名額不斷增加。新加坡教育部長陳振聲表示，接下來的目標是要在每五年里，讓每一名教育工作者有至少一次機會能通過到業界實習，或參與業界夥伴進行的合作項目等，接觸有別於教學領域的新知識。

除了實習機會，新加坡教育部進一步與不同公部門或外部機構合作，組織多元主題交流論壇，讓中小學老師可以持續向產業專業學習，並更新教室之外的最新產業發展資訊。

『科技創新篇』

第37章 數碼轉型辦事處 解決老人與攤販的數位落差

數位技能是企業發展與個人成長的關鍵技能，讓我們的工作效率與生活便利大幅提升，現在甚至出門只要帶手機，不用帶錢包或證件。然而，在這波數位發展過程中，老人與小攤販面對嚴重的數位落差，可能成為數位難民，甚至成為數位詐騙的受害者。老人或小攤販的學習能力與資源都非常有限，要解決這個問題不容易。

2020年新加坡設立「數碼辦事處」（SG Digital Office），號召1,000位「數碼大使」到社區中心、菜市場、咖啡廳等地，協助老人（超過總人口的16%）或小攤販學習數位技能、推廣數位支付及教導如何防止網路詐騙。

此外，數位辦公室與公益機構合作，選出精通數位技能的老人擔任「銀髮族資信健樂大使」（Silver Infocomm Wellness Ambassador），安排他們到社區講課，以提高老人們對數位生活的興趣與信心。特別是在疫情時，因航班減少停工的新航空姐加入數位大使行列，讓老人與小攤販的數位技能學習成效明顯提高，至2023年中已經超過21萬老人獲益。

為鼓勵攤販使用電子支付，從2020年8月到2021年5月間，只要小販每個月達到20筆無接觸支付訂單，就可以獲取一個月300新幣的獎勵金，最高可領取到5個月（1,500新幣）。這對於本來就是小本經營的小販來說，具有相當大的激勵作用。

很快地，2020年底就有超過60%小販業者皆有開發了QR Code無

接觸支付的服務。除了零接觸支付，新加坡政府也針對首次成交外送交易的小販業者補助500新幣。

2021年2月新加坡總統提出「數碼益終身運動」，透過公私合作，協助全體公民，特別是數位弱勢團體，提升數位素養。新加坡資訊通訊媒體發展局與電信業者合作，推出「老人手機上網津貼計畫」，只要支付20新幣就能買到一款基本款智能手機，每月支付5新幣即可獲得最少5GB流量。就算使用數據超過方案流量，老人也不必支付額外費用，只會降速。

其次，新加坡組屋租賃住戶申請公私合作的「家庭網接入計畫」，每戶只須支付5新幣，即可享有500M網速的寬頻服務。若再支付5新幣，還可將網速提升至每秒1G，購買資訊設備可享有25-75%的補貼。

另外，新加坡政府還與企業及機構合作，派遣專人進入工作場合培訓年長僱員，幫助他們獲得必要的數位技能，提升工作效能與競爭力。同時，新加坡政府還制定了「數位解決方案」支持計畫，提供新創數位企業的場地、資金和資源支持，以促進數位創新發展。

第38章 智慧快速通關 安全控管不打折

　　有一位台灣鄉親在新加坡的國際飯店集團工作，每年要出國50次左右。沒錯，是50次，他回新加坡的家可能只是換洗衣服，到公司開個會，便又要到下一個國家出差。另一位台灣半導體大廠的新加坡負責人，很難安排出時間跟我餐敘，原因是他最近三個月有兩個月時間幾乎都到東南亞各國與印度出差。

　　這便是在新加坡跨國企業工作者的生活常態，而新加坡機場為他們提供便利的航空服務與智慧快速通關，也讓新加坡如虎添翼，成為吸引跨國企業進駐新加坡的重要因素之一，2023年讓4,200家跨國企業選擇新加坡作為亞洲總部，相對之下，香港只剩下1,366家。

　　2023年4月以後，來過新加坡的台灣鄉親應該都體驗過樟宜機場的快速自動通關，只要45秒便可以完成通關程序。新加坡移民局告訴我，一般人工查驗通關需要1分鐘。

　　自動通關的優點不只快15秒，更省下排隊通關的很多時間，因為自動通關走道佔地小，通關走道數量便可以大幅擴增，減少旅客排隊的可能性，自然大幅降低通關時間。在2022年5月新加坡開始推出自動通關，幾乎一個人工通關走道可以改為兩個自動通關走道。

　　其次，人工安全查核的辨識度容易出錯，透過人工智慧則可以精準比對個人資料與生物特徵，同時提前比對各種網路資料與國際刑警組織資訊，以便徹底查核與評估風險。當然，入境新加坡後，透過遍佈全島超過九萬部的監視器，便可以進一步偵查犯罪行為，維護新加

坡治安。

2023年新加坡已經設置160條自動通關道，仍有60%的國際旅客是透過人工櫃檯查驗入出境。2024年中，樟宜機場再增加230條自動通關道。新加坡移民與關卡局2024年初宣布，下半年將開放所有國籍旅客，不分航空、海路和陸路海關，使用自動通關系統辦理入境，不僅不需要事先申請，出境時甚至毋須出示護照。

自動通道使用多模態生物辨識技術，捕捉虹膜、臉部及指紋細節，加速所有旅客通關。不僅如此，目前至少新加坡第三航站出境時不需要進行隨身行李的安全查核，所以一分鐘便可以自動通關出境。然後，在每個登機口，都有一組安全查核設備及人員進行安全查核，因為只有一個班機的乘客，安全查核便非常快速。

新加坡移民與關卡局表示，不僅所有旅客可以使用自動通關（需時45秒），2024年下半年，新加坡公民與常駐居民入出境，便毋須出示護照，只要走過通關走道，15秒便可以輕鬆入出境！未來國際旅客第一次入境後，出境及再入境時，也可以使用「無接觸通關」，毋須出示護照，每次通關速度將從45秒減少到15秒。

新加坡海關還推出特別輔助通關，協助行動不便或有老人家或小孩的家庭一起通關，一次最多可以四個人一起進入自動通關走道。而且，自動通關走道的顯示器會透過掃描護照後，顯示每一位入出境國際旅客的母語，以解決語言的溝通障礙。最後，每個通關處仍會保留一個人工服務櫃檯，以便協助遇到困難的國際旅客。

為了提供更便捷與安全的通關服務，新加坡移民與關卡局提出新通關概念，希望徹底改變風險評估方式，從「入境時」提早到「入境前」進行安全查核。例如旅客登機前來新加坡時，航空公司登機櫃台便會將旅客資料傳送給新加坡政府，新加坡政府便有充裕的時間（最

少也有一個小時）運用人工智慧分析資料與數據，提前進行風險評估，以便達到99.9%的旅客可以使用自動通關的政策目標。

第39章 無蚊奇蹟：科技與環保並行的滅蚊戰略

　　新加坡位於潮濕的熱帶地區，綠意盎然，公園與綠廊隨處可見。然而，令人驚訝的是，這座城市幾乎沒有蚊子，不僅讓居民與國際遊客免於蚊蟲叮咬之苦，也大幅降低了登革熱等蚊媒傳染病的風險。

　　政府如何成功控制蚊害？

環境治理與社區參與

　　新加坡政府積極改善環境，減少蚊蟲孳生地，確保不留積水。同時，透過教育與宣導，提高民眾的防蚊意識與行動，包括：清除花盆底盤積水、定期更換花瓶內的水、鬆動乾硬的泥土、疏通屋頂排水溝、使用滅蚊藥劑。

　　此外，自 2004 年起，新加坡對住家蚊蟲孳生處罰款 100 新幣，重犯者罰 200 新幣。2020 年起，初犯罰款提高至 200 新幣，第四次違規將被提起訴訟。

　　自 2020 年 7 月 15 日起，政府加強執法，住家若被發現多處蚊蟲孳生，或在違規通告後仍未改善，將面臨更高罰款：首次違規，罰款 300 新幣；二次違規，罰款 400 新幣；三次以上違規，罰款 5,000 新幣或／及最高 3 個月監禁。

　　對於建築工地，處罰更為嚴格：初犯，罰款 3,000 新幣；違規三次以上，將被起訴，面臨 20,000 新幣罰款或／及最高 3 個月監禁。

科技滅蚊 成果驚人

除了環境治理，新加坡政府也運用科技控制蚊子數量，包括霧化、噴霧技術、引入蚊子的天敵，以及設置捕卵器（Gravitrap）來有效減少蚊蟲繁殖。

熱帶蚊蟲之中，埃及伊蚊最令人困擾，它是登革熱的主要傳播媒介。新加坡自2016年開始推行「伊蚊絕育計劃」（Project Wolbachia），透過基因技術來抑制蚊子繁殖：

- 培育帶有「沃爾巴克氏菌」的雄性埃及伊蚊（雄蚊不叮人，壽命約1週）
- 釋放到特定區域，讓它們與雌性埃及伊蚊（雌蚊會叮人，壽命約3週）交配
- 受感染的蚊卵無法孵化，進而抑制蚊群數量

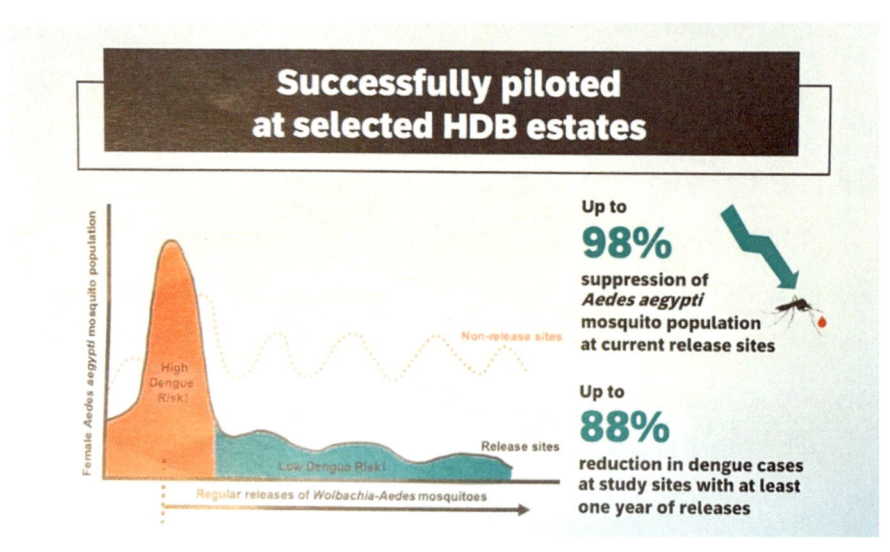

Successfully piloted at selected HDB estates

Up to **98%** suppression of *Aedes aegypti* mosquito population at current release sites

Up to **88%** reduction in dengue cases at study sites with at least one year of releases

資料來源：新加坡國家環境局「伊蚊絕育計劃」簡報資料，2023年11月29日。

- 該專案由 30 位研究人員負責，截至 2023 年底，已培育超過 3 億隻沃爾巴克蚊，每週持續釋放 700 萬隻到試驗區域，以監測蚊群抑制率及登革熱病例變化。

自 2019 年起，新加坡政府在四個地區推行此計畫，成果驚人：

- 蚊群抑制率高達 98%
- 一年以上釋放區域，登革熱病例減少 88%
- 高風險地區從深紅（高風險）轉為白色（低風險）

截至 2023 年底，專案已涵蓋 48 萬戶家庭，2024 年底將擴展至 52 萬戶（佔全國 35%），比 2022 年中增加近三倍。國家環境局更宣布，到 2026 年將覆蓋 80 萬戶，佔全國 50%，進一步擴大防治範圍。

2024 年底，新加坡永續發展與環境部長傅海燕表示：

- 在伊蚊絕育計畫覆蓋的地區，雌性埃及伊蚊數量減少 80%-90%
- 居民感染登革熱的風險降低 75%
- 研究顯示，帶有沃爾巴克氏菌的蚊子影響力不僅限於釋放區域，鄰近區域感染風險也降低 45%

透過環境治理、科技應用與全民參與，新加坡有效控制了蚊蟲孳生，降低登革熱風險，為全球提供了一個值得借鑑的防蚊典範。

第40章 | 大學圖書館的數位轉型

我在台灣政治大學任教時，便很少親自前往圖書館，因為大部分時間都待在研究室，透過網路查詢並閱讀電子期刊論文。數位化的學術資料庫讓我能夠一次瀏覽成千上萬篇論文，並迅速篩選出與研究相關的內容，大幅提升了學術研究的效率。偶爾需要借閱實體書籍或影印少量的台灣雜誌資料時，我才會親自前往圖書館。

政大圖書館在設計上仍然提供許多書架旁的讀書座位，讓學生可以就近自習或閱讀館藏書籍。然而，這些座位畢竟有限，在期中、期末考期間更是一位難求。此外，傳統圖書館的使用仍受到諸多限制，例如開放時間、管理規範等，這使得學生在使用圖書館時無法完全自由地交流與討論，也限制了圖書館作為學習空間的靈活性。

然而，不少學校已經開始重新思考圖書館的角色，並透過數位化與創新設計，使圖書館的功能更貼近現代學生的需求。

到新加坡管理學院參觀

2023年參觀新加坡管理學院（Singapore Institute of Management, SIM）後，我對於圖書館的定義與功能有了全新的認識。這所學院不僅僅將圖書館數位化，更徹底改造了學習環境，使圖書館成為一個高度靈活、開放且符合現代學習需求的空間。

首先，SIM 將大部分實體書籍搬離傳統圖書館空間，改採數位化管理。當學生需要借閱書籍時，他們可以透過學校的 APP 預約，館

員會將書籍準備好並存放在圖書館旁的智慧儲物櫃中，學生可隨時透過數位鎖取走書籍。這種設計不僅提升了借書效率，還大幅減少了人工管理的負擔，讓圖書館的功能更加現代化。

其次，SIM 圖書館的空間設計令人印象深刻。學校將原本的圖書館空間重新規劃，設計成不同學習模式的區域，包括：

1. **安靜學習區**：提供學生安靜自習的空間，適合需要高度專注的學習者。
2. **開放式交流區**：讓學生能夠自由討論與合作，打破傳統圖書館「禁止交談」的規範。
3. **隔音電話亭與討論室**：供學生進行視訊會議、電話討論或小組學習，避免干擾其他使用者。
4. **24小時開放區域**：確保學生無論在何時都能夠擁有一個安全、舒適的學習環境。

這種全新的圖書館模式，讓我意識到傳統圖書館已經不再只是單純的藏書與借閱空間，而是應當轉型為學習資源中心。SIM 的做法提供了一個很好的典範，展示了如何透過數位技術與創新空間設計，讓圖書館成為更靈活、更符合現代學生需求的場所。

數位技術改變圖書館的角色

在新型圖書館模式下，學校將大量實體書籍轉為數位管理，讓學生能夠透過線上系統查詢並預約書籍。當學生需要借閱實體書時，他們可以透過學校的APP進行借閱，系統會自動通知館員準備書籍，並將其存放在智慧儲物櫃中。學生可以隨時透過數位鎖從櫃子中取走書籍，不再受限於圖書館的開放時間或人工借閱流程。這種作法不僅大幅提高借書效率，也解決了傳統圖書館人力管理的問題。

數位時代的圖書館正在快速轉型,這種設計不僅提升了學習效率,也讓圖書館真正成為學生的學習中心,而不僅是借閱書籍的場所。隨著科技的進步,傳統圖書館勢必需要與時俱進,擁抱數位化與智慧管理的概念,以滿足現代學生的學習需求。

借還書的智慧儲物櫃
照片來源:作者拍攝,2023年11月20日。

第41章 | 多元戰略與數位科技確保糧食安全

　　新加坡以1%的國土，要養活604萬人口及提供每年約2,000萬訪客的糧食需求。新加坡政府如何做到？

　　根據《經濟學人》發布的《全球食品安全指數報告》，以食品價格承受能力、食品供應能力和質量安全保障能力等三大因素為標準，新加坡連續在2018年與2019年兩年位居榜首。疫情發生後，《經濟學人》加入第四項指標：永續與調適，因為新加坡本地農產量不足，2022年新加坡退居到113個調查國家中的第28名。

　　新加坡建國時，人口只有189萬人，國土面積581.5平方公里，農地面積的比例將近20%。現在新加坡的面積有735平方公里，不到三個台北市大小，卻要以總面積不到1%的國土（7.4平方公里，相當於台北市中正區的面積）養活604萬人口，同時每年提供將近2,000萬名訪客的糧食需求，這是非常艱難的目標。

　　面對全球人口成長、氣候變遷及國際貿易政治，新加坡政府在2018年7月整併相關機構成立「食品局」以提高糧食自給率，負責監督新加坡的食品和糧食安全，並且提出2030年能提升糧食自給率達30%的國家目標，是所謂「30．30願景」，即到2030年有能力可持續生產滿足國人30%營養需求的農產品。

　　新加坡食品局提出三加一的戰略，包括三個「食物籃子」戰略及支持國內生產糧食的措施：

1. 分散糧食進口來源，以降低單一海外糧食供應來源的風險。

2. 增加國內糧食供應，以緩衝海外糧食供應中斷對新加坡糧食供應的衝擊。
3. 幫助國內公司在海外擴張，以增加海外糧食生產基地，進而穩定供應糧食給新加坡。
4. 支持國內生產的糧食，以提升糧食安全，並支持當地經濟、確保食品安全與保護環境。

根據新加坡食品局在去（2024）年5月發布的數據，新加坡有90%以上的食品從187個國家進口，新加坡的糧食自給率仍未達到10%。2023年新加坡當地生產的雞蛋僅占總需求的31.9%（比前年增加3個百分點）、蔬菜占3.2%（比前年減少0.7個百分點）、水產占7.3%（比前年減少0.3個百分點）。可見新加坡政府要提高當地糧食自給率不容易。

新加坡政府不斷協助糧食進口商分散進口來源，從2004年的140個國家增加到2023年的187個國家，雞蛋可以從19個國家進口、雞肉30個國家、豬肉32個國家、牛肉20個國家、羊肉15個國家，同時增加進口來源的認證，並要求國內進口商必須有「商業延續計畫」，以建立海外糧食供應體系的韌性，在海外糧食供應中斷時可以立刻找到替代來源。

然而，糧食進口及在海外發展糧食基地，都可能受到國際政治因素的影響，農糧生產國可能因為自身需求或其他政治考量，而採取限制糧食出口政策。此外，國際糧食供應也會受到疫情與區域衝突的衝擊。一家新加坡食品安全公司提到，新加坡與20幾個國家簽訂雙邊糧食供應協議，但在疫情期間，卻難以發揮作用。

因此，新加坡政府認為，發展當地的農業對糧食安全至關重要。在1%的國土耕種面積要提供604萬人口及每年2,000萬訪客的糧食需求，必須建構抵抗氣候、資源與經濟限制的三種韌性，必須運用先進

科技與創新能力，才能大幅提升農業生產力與達成上述三種韌性。因此，新加坡政府透過「農業生產力基金」及「全國研究基金會」提供大量資金進行農業科技研發，以提升新加坡的農業科技與創新能力。

從2024年起，新加坡食品局逐步將西北部的林厝港農地發展為高科技農業食品創新園區，以實現「30·30願景」。特別是，新加坡政府積極引進室內耕種的技術。最近，台灣的元通綠能科技公司獲得2公頃土地建造先進的垂直耕種植物工廠，預計今（2025）年10月完工後將提供2,000噸有機蔬菜，占新加坡全國需求量相當大比重。

為了避免糧食供應中斷的風險，建立戰備儲糧是最常見做法。1990年代以來，新加坡已經建立白米庫存計畫，所有進口白米都必須存入政府的四個米倉，白米進口商每月進口至少50公噸白米，並存放至少100公噸白米作為固定庫存。

除了政府米倉之外，目前新加坡政府也特許給幾家大型糧食進口商將白米放在自己的糧倉，但要求每進口一噸白米，便要增加2.5噸的戰備儲糧，去（2024）年增加到3噸，明（2026）年5月要增加到3.5噸，而且糧食需在保存期限，政府會提供進口商適當補助，以增加新加坡的糧食安全係數。但若多次違反規定，進口商可能被新加坡政府以刑法起訴。

目前新加坡國會正在審議《食品安全和保障法案》，如果通過，新加坡食品局可以通過最低庫存要求機制，戰備儲糧制度將擴及到白米以外的關鍵食品業者及農場飼料供應商，並且提高相關刑罰。

當前，數位科技進步與物流平台發展可能會改變傳統的戰備儲糧作法，降低政府的直接採購與管理成本，卻又能維持糧食安全。新加坡食品公司歐聖集團正在建構一個相當完整的食品交易國際平台，包括融資、物流、銷售與行銷，讓歐定平台（ODIN）成為國際糧食流

通中心，並且發售糧食採購選擇權給各國政府。

例如，若因為疫情或戰爭的因素而造成糧食國際貿易中斷，訂貨商無法從新加坡轉運到該國，反而還要持續支付倉儲費用。這時候，訂貨商樂意將他們在新加坡物流倉庫中轉而暫存的糧食賣給歐聖集團，而新加坡政府將可以直接運用糧食採購選擇權向該食品安全公司採購這些糧食，供當地民眾食用。

如果以新加坡為物流平台的國際糧食物流量愈來愈大，則暫時存放在新加坡物流中心的海外糧食存量將愈來愈大，將可以增加新加坡戰備儲糧的安全係數。更重要的是，新加坡政府只要支付糧食採購選擇權的些微保險費用，而不需要支付直接採購與管理戰備儲糧的龐大成本。

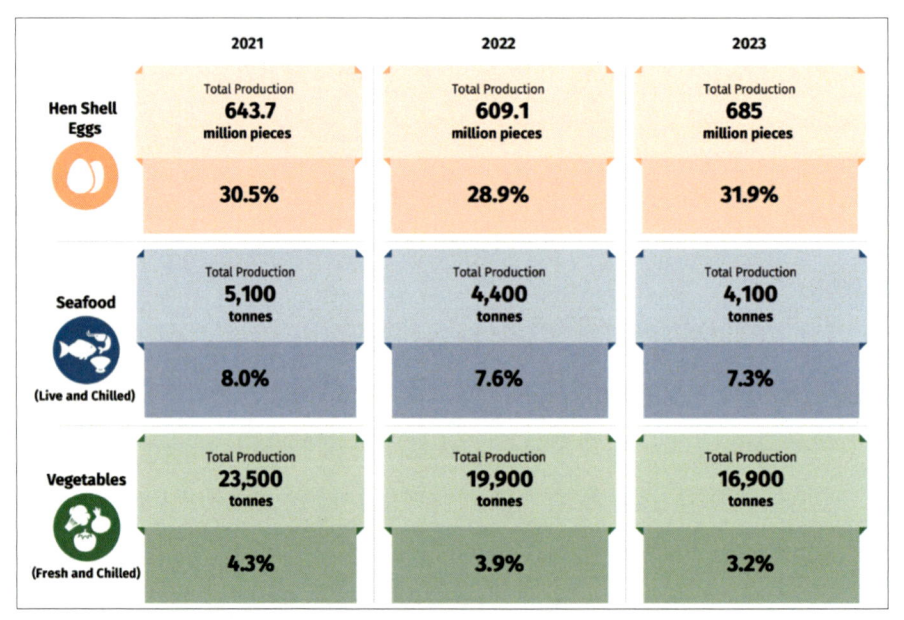

	2021	2022	2023
Hen Shell Eggs	Total Production 643.7 million pieces / 30.5%	Total Production 609.1 million pieces / 28.9%	Total Production 685 million pieces / 31.9%
Seafood (Live and Chilled)	Total Production 5,100 tonnes / 8.0%	Total Production 4,400 tonnes / 7.6%	Total Production 4,100 tonnes / 7.3%
Vegetables (Fresh and Chilled)	Total Production 23,500 tonnes / 4.3%	Total Production 19,900 tonnes / 3.9%	Total Production 16,900 tonnes / 3.2%

新加坡當地生產相當於總糧食消費量的比重：2021-2023年
截圖自新加坡政府，2024年7月14日。

第42章 | 現代漁村的成功範例：百美海洋牧場

在新加坡這座高度城市化的國家，人們對其印象多停留在摩天大樓與繁忙的金融中心。然而，在島國的周邊海域，卻擁有109個海上養殖場，為本地市場提供新鮮的海產品，並提升新加坡的糧食自給率。其中，百美海洋牧場是規模最大的漁場之一，其發展不僅為本地漁業注入新活力，也成為海上養殖模式的一大亮點。

百美海洋牧場的誕生

百美海上牧場位於新加坡德光島東北邊的海面，占地3.5公頃、有199個標準漁隔，由曾留學台灣的百美超市集團總裁陳逢坤投資建造，歷時一年半完工。牧場的建設過程頗具挑戰，使用了約一萬個浮桶和一千噸木材，所有建材均從新加坡本島海運而來。

在新加坡和中國經商多年的企業家陳逢坤，2018年毅然投入海上養殖事業，並親自駐守海洋牧場，從零開始建設這座現代化漁場。

陳逢坤認為，與其捐款做慈善，不如投資對民生至關重要的產業。他為此投入超過2,500萬新幣，希望透過這個項目提供最新鮮的海產品，讓新加坡漁業更加自給自足，減少對進口海鮮的依賴。對他而言，這不僅是商業投資，更是對社會的貢獻。

牧場的基礎設施與運營模式

百美海洋牧場擁有一系列現代化設施，包括製冰設備、海水淡化

裝置、太陽能發電板、無線網路，以及自動化養殖與監測系統。這些技術確保了漁場能夠高效運營，並減少對環境的影響。此外，牧場的魚飼料由台商供應，以確保品質與穩定性。

目前，百美海洋牧場的年產量超過一千噸，每日透過專門的船舶將新鮮漁獲運送至新加坡市場。這樣的運輸方式，讓市民能夠享受到最新鮮的本地海產，進一步促進本土漁業的發展。

從新加坡本島前往百美海洋牧場需時約一小時，牧場內常駐著三十多位漁夫，他們來自不同國家與地區，包括新加坡、台灣、馬來西亞、中國與緬甸。其中，不少員工畢業於台灣海洋大學，具備專業的水產養殖知識。

牧場內的生活設施完善，提供宿舍、餐廳、辦公室與綠化空間。餐廳內不僅配備冷氣，還能提供最新鮮的海產料理與道地的台式控肉飯，讓員工在海上也能享受美食。此外，牧場全區覆蓋無線網路，確保員工能夠隨時與外界保持聯繫，提高工作效率。

新加坡政府一直積極支持海洋養殖技術的發展，推動漁業的可持續經營，以確保糧食安全並減少對進口的依賴。作為本地最大的海上養殖場之一，百美海洋牧場的成功運作，為新加坡的水產養殖業提供了寶貴的經驗與發展模式。

為了要在2030年達到30%的糧食自給率，新加坡政府評估，柔佛海峽東部有約117公頃的七個海域適合進行水產養殖，每年的生產量可達6,700公噸，計劃明（2026）年起逐步開放更多水域供業者招標，建立更多現代漁村的海上牧場。

作者拜訪百美海洋牧場
照片來源：作者拍攝，2023年10月20日。

百美海洋牧場外觀
照片來源：新加坡8頻道影片截圖，https://www.youtube.com/watch?v=no9clyPXrg8，2025年3月8日。

『城市規劃篇』

第43章 人人買得起、付得起、願意長住的組屋

　　新加坡組屋政策一直是台灣各政府機關絡繹不絕到新加坡取經的政策。限於各機關到新加坡參訪時間短暫而難窺全貌，駐新加坡代表處特別用半年時間彙整新加坡組屋政策相關資料，進行組屋實地參訪與訪談相關朋友，撰寫完整且深入的《新加坡組屋政策與啟示》供各界參考。

　　2023年在新加坡415萬居民當中，77.8%的家戶居住在約120萬套組屋中，每年繼續增加一萬套以上的新建組屋。新加坡組屋政策不僅確保人民買得起、付得起組屋，更能以組屋作為保值及養老之資產，且人民也願意長住在組屋。

　　組屋政策讓新加坡政治與社會保持穩定與和諧，包括強調公民平等權利和每棟組屋居民必須符合族裔比例，也有助於民眾安居樂業及經濟蓬勃發展，更強化人民對國家的認同與歸屬感，是新加坡發展模式成功的重要因素之一。

　　根據《2024亞太住房可及性指數》報告，在亞太地區中生活費最貴的新加坡，其組屋的房價與所得比例（HPI）只有4.7。換句話說，新加坡人民平均只要工作4.7年便可以買一套組屋，在亞太地區48個城市當中排名第2，與國土廣闊無垠的澳洲多數城市相差無幾。

　　而且，新加坡政府還針對購買預購組屋與轉售組屋、家庭與單身、不同收入購屋者，提出購屋津貼方案，讓各類型購屋者都能買得起房子。2024年，家庭首次購買預購組屋，最高補助12萬新幣，購買

轉售組屋，最高補助23萬新幣，包括購買在父母親附近的近居購屋津貼，單身者的補助折半，而且購屋者的收入愈低，補助愈高。

其次是新加坡人負擔得起購屋貸款。新加坡的房貸償還比率維持低於25%，即指購屋者每月需支付的房貸金額低於月收入的25%。而且，新加坡人用來購買組屋的資金，大部分來自個人的中央公積金帳戶，在新加坡，員工每月薪資須扣除20%繳交至公積金帳戶，雇主同時也要提撥薪資的17%，合計後的公積金繳款之23%會存入可用來買房的普通戶頭。根據統計，超過80%之組屋購買者只需使用公積金儲蓄來支付每月的房貸。

以2019年的購屋為例，如果申請人的家庭月收入為5,000新幣（低於兩位大學新鮮人每月3,600新幣的起薪總和），一套四房式組屋（約28坪）價格為27萬新幣，頭期款2.7萬新幣可以從公積金或現金儲蓄支付，相當於六個月不到的家庭收入。政府會提供4.5萬新幣補助，剩下金額可貸款25年，每個月只要支付899新幣，只占所得的18%，這戶家庭完全可以用公積金輕鬆支付房貸。

以2023年為例，月收入3,000新幣的低收入家庭要買一間三房式預售屋，原本售價20萬新幣，扣除6.5萬新幣補助後的實際價格是13.5萬新幣。他們只要花3.8年的收入便可以買得起這間組屋。頭期款33,750新幣，公積金每月分期付款只要431新幣，房貸占月收入比例為14.3%，完全可以由公積金來支付。

更重要的是，調查數據顯示93.2%居住在組屋的家庭對自己的組屋感到滿意，新加坡人願意長住在組屋。組屋的生活機能完整，包括小販中心、購物商場、醫療診所、學校與托育中心，生活環境舒適，包括公園、綠化與運動設施，而且交通便利，通常都有有蓋走廊連結到捷運站或公車站。

即使組屋的居住期限只有99年，但是隨著經濟發展、組屋管理與維運完善（包括定期對組屋外觀與公共設施的粉刷、更新與翻新），組屋更是新加坡人保值的資產。例如，從2009年至2024年第2季，組屋轉售價格便上漲87.9%。不少新加坡朋友形容，這是政府提供給他們人生的第一桶金。

在2023年底，我去參加落成不久的新組屋項目Dakota Breeze組屋社區的年終聯歡晚會。這次活動有很多單位參加，包括警察局宣導反詐騙、基層組織的人民協會（People Association）與民眾互動、紅十字會宣導捐血，還有國會議員與選民搏感情，當然重頭戲是小朋友最喜歡的遊樂場節目與晚會表演活動。

Dakota Breeze組屋社區，包括5座19層高的組屋樓，共有954個單位，分成兩房、三房與四房式組屋，99年或短期租期都可以，社區綠意盎然（還保留多株原來的老樹）、有四個遊樂與健身場，還有交誼中心、熟食中心、商店區、育兒所、社區客廳、八樓及頂樓花園、停車場，只要3-5分鐘便可沿著有蓋走廊抵達「達科達」（Dakota）捷運站，旁邊便是芽籠公園連結道及芽籠河，居民可以沿河散步與慢跑。

這個組屋社區非常新、才蓋好2年，可以透過3D看到不同房型的屋內格局，據裡面的居民說，96平方公尺（合29坪）的組屋只要38萬新幣（合台幣870萬）。社區走道有貼心的遮陽擋雨設計，每戶組屋都有避難隔間（平常當作儲藏間），是國防部要求的一種全民防衛設計。

目前這個社區大約99%單位都已經有人居住，非常多年輕夫婦住在這裡，不少人都有小孩，而且居民比例必須符合新加坡公民比例，不能全部是華人，希望藉此維持社區組成為國家組成的縮影，促進族群與社會和諧。

參與晚會的居民跨族群跨性別，不同世代的男女老少互相認識與寒暄，這個歲末年終活動充滿溫馨和樂的氣氛！

《新加坡組屋政策與啟示》全文連結如下：

▎作者拍攝，Dakota Breeze組屋內部的社區聯誼場所，作者拍攝於2023年12月。

▎Pinnacle@Duxton組屋，翻拍自新加坡政府網站。

新組屋Plantation Grange，翻拍自新加坡政府網站。

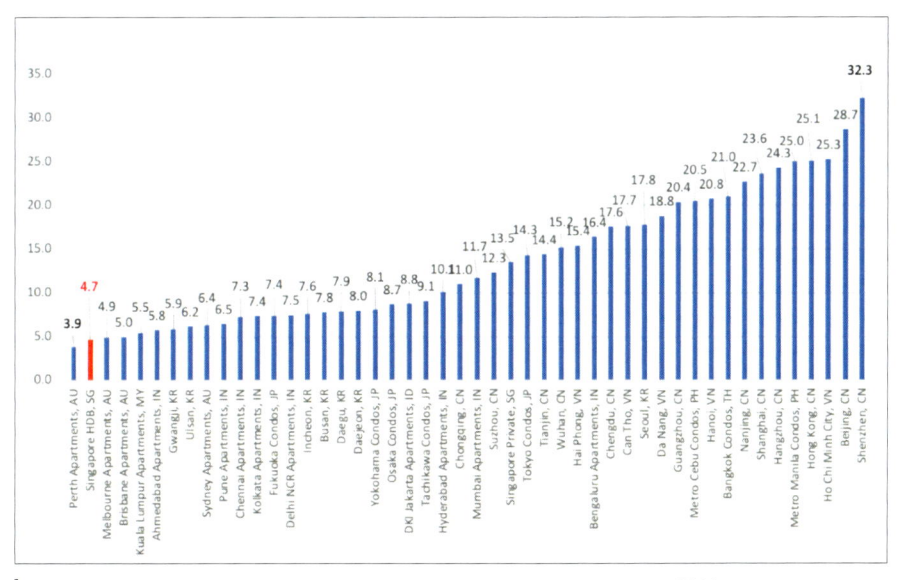

Median/average home price to median annual household income 2023
資料來源：Urban Land Institute, 2024 ULI Asia Pacific Home Attainability Index Report, May 2024, p. 12。

第43章 人人買得起、付得起、願意長住的組屋 203

第44章 社會工程師劉太格奠定盛世基礎

我在2024年10月25日拜訪墨睿設計事務所的劉太格董事長,請益新加坡組屋發展的寶貴經驗,特別是如何啟動與克服政治困難。劉太格表示,新加坡的組屋不是靠政府的補助與興建便可以成功,而是要有完善的城市規劃、融資生態系與社區發展,才能真正讓組屋制度永續發展。

劉太格被尊稱為新加坡組屋之父,當年已經高齡86歲,1969-1989年在新加坡建屋發展局工作,前十年擔任總建築師、後十年擔任局長,共開發20個新城鎮和50多萬套住房,1989-1992年擔任新加坡市區重建局首席規劃師與局長。

1992年後,劉太格離開公職到民間設計事務所擔任董事,2017年創立墨睿設計事務所,至今提供全球70個城市規劃服務,人口規模從幾十萬到一千兩百萬不等。

劉太格說自己不只是建築工程師、城市規劃師,更是社會工程師,組屋的開發要解決住房與居住環境問題,也要解決人民的生活機能、就業與交通問題,更要解決社會、城市、經濟與國家認同問題。

首先,除了領導人的堅定意志與睿智之外,要有單一機構(建屋發展局)負責組屋政策規劃與執行,給予權力,課以責任,整合各單位資源、與利害相關者溝通、評估與負責工作成效、提供單一窗口服務人民。

第二,要提出整體規劃方案,包括國家發展總計畫、區域計畫、

社區計畫，進而興建組屋與完善社區生活環境。在劉太格的新城鎮規劃中，組屋僅佔全部社區規劃面積的57%，其他43%地區規劃包括社區中心、美食中心、購物中心、商店、工廠、醫療、學校、交通及其他功能。

劉太格的規劃要讓人民居住品質好、生活環境佳，更重要的是，在組屋周遭可以生活、運動、休閒、飲食、購物、工作、就學、就醫，便可以分散都市功能，讓城市均衡發展、降低交通需求與堵塞，也提供充足與穩定的勞動力給當地商店或工廠，進而提供當地居民生活所需與帶動整體經濟發展。

第三，要從付得起租金的窮人開始推動，建構美麗舒適與生活工作兼具的組屋社區，建立人民對組屋的信心，再逐步擴大到銷售組屋。新加坡在1965年剛獨立時，約四分之三的居民住在擁擠和骯髒的亞答屋或違章建築。從1969年政府開始推動購地，興建高樓組屋安置居民，很多民眾對組屋有疑慮，但短短三年在成效展現後，很多民眾都迫不及待想要住進組屋。

第四，要提出完善的融資生態系。新加坡政府會提供貸款及補貼給建屋發展局購買土地及蓋組屋，人民的部份薪水會存入中央公積金，以支付組屋頭期款及貸款給建屋發展局，再還給政府。

組屋價格一般都是遠低於興建成本，如果只靠國家無止境地補助組屋興建成本，政策是無法永續的。

建屋發展局將新社區的43%面積出租給美食中心、購物中心、商店、工廠，便可以獲得更高收入還債給政府，彌補組屋興建成本。同時，居住在組屋的當地人民有工作，商店與工廠可以聘到居住在組屋的員工，便可以促進當地經濟發展，政府可以從人民徵收所得稅及從企業徵收營業稅，便可以再提供補助給建屋發展局興建更多組屋。

第五，組屋的規劃包括族裔融合的設計，依照新加坡族裔的比例入住組屋，以促進新加坡族裔融合與社會和諧穩定，團結內部力量發展國家。同時，人民在新加坡擁有房屋，便會強化他們對國家認同與向心力，積極工作償還貸款與促進經濟發展，奠定新加坡盛世基礎。

| 作者拜訪劉太格董事長
照片來源：作者拍攝，2024年10月25日。

第45章　樂齡組屋的成功案例：在海軍部村莊養生

　　2024年6月我陪同高雄市政府團隊參訪新加坡第一座樂齡組屋海軍部村莊（Kampung Admiralty）。該組屋不僅獲得世界最佳建築獎，而且兼具養生、保健、社交與家庭功能，深受新加坡人民的歡迎。新加坡建屋發展局已經在蓋第二座及第三座樂齡組屋。

　　新加坡與台灣都面臨老齡化與少子化的嚴重挑戰，都需要提供大量老年人居住房屋的特殊需求。新加坡人過中年之後，成年子女申請自己的組屋搬出去居住，便不需要住在原來的大型組屋，而且年紀大之後，生活環境條件隨之改變，需要更多醫療照護與社交功能。

海軍部村莊外觀，新加坡政府網站。

海軍部村莊便在2017年應運而生。住宅區分為2棟組屋，總共104戶，每層規劃有8戶，包括適合單身者的10坪、與配偶同居的13坪兩種房型。庭院與走廊到處都設有長椅，並有交誼廳，鼓勵年長者能走出家門，和鄰居朋友多一些互動。屋內裝潢除了採用無障礙通用設計，更與社區內的醫療設施連線，可隨時因應老人家的突發狀況。

　　海軍部村莊的申請條件必須是55歲以上的新加坡公民，他們可以將原來的組屋賣給政府，便有更多資金供退休生活運用，並向政府申購使用權只有30年的樂齡組屋。如果老人家子女住在附近組屋，便有優先權申請。一間樂齡組屋大約是9萬新幣，比至少35萬新幣的一般組屋要便宜很多。

　　其次，除了每個房間都與社區內的醫療設施連線外，海軍部村莊的一樓有緊急醫療中心，三、四樓還有一般醫療中心，六樓有樂齡中心提供老人家健身、復健、上課、娛樂與聯誼的地方。還有幼兒園，供附近組屋居民送小孩來唸書，可以讓住在樂齡組屋的老人家協助接送在此讀書的孫子孫女，與下課後的孫輩有更多時間相處，增進感情。

　　樂齡中心還有一樓的購物商場及二樓的小販中心，讓老人家的生活相當便利。小販中心共有900個座位，讓附近組屋的居民，特別是老人家的親朋好友可以來聚餐，讓老人生活不孤單。當然，小販中心的食物都也相對便宜，自助餐兩肉一菜只要4.1新幣（約100台幣），一份叉燒飯只要3.8新幣（約91台幣）。

　　最後，將軍村將傳統聚落的居住、社交、購物、照護等機能，從水平分布變成垂直分區，創造出有如熱帶雨林般的生態系。若從空中鳥瞰海軍部村莊全貌，很容易注意到組屋區的屋頂覆蓋著大量植栽、頂樓也開闢多處可供休憩的廣場與公園，讓建築外觀看起來就像是一座城市裡的迷你森林，讓樂齡居民隨時可以享受綠意盎然的生活環境。

第46章 新加坡河 從黑水河到世界級地標

　　許多遊客來到新加坡，都會前往濱海灣這個現代化的地標區，欣賞摩天大樓與著名的魚尾獅，或搭乘游船暢遊新加坡河及濱海灣，沿途欣賞兩岸繁華的都市景觀，感受當地的風土人情。夜幕低垂後，到河畔餐廳品嚐美食，沉浸於燈火璀璨的夜景之中，更是許多遊客心目中難忘的旅遊體驗。

　　很少人能想像這條如今風光旖旎的河流，曾經是一條臭氣熏天、污穢不堪的黑水河。在1977年以前，只要聞到刺鼻的惡臭，人們便知道新加坡河就在附近。新加坡河及濱海灣眼前的潔淨與繁榮，背後卻是一場長達十年的艱鉅整治工程。

新加坡河的過去：污染與挑戰

　　新加坡河與加冷河過去承載著大量的生活與工業廢水，沿岸住戶、餐館、小型工業及熟食攤販，將廢棄物與污水直接排放入河流，使得河道日益惡化。當時河岸還有約8,000座養豬場，將豬隻的排泄物污染溪流，進一步加劇水質惡化。水面上漂浮著油污、垃圾、腐爛食物與動物屍體，河水的顏色幾乎變成了黑色。

　　建國不久的新加坡政府意識到，這樣的環境不僅影響市容，也威脅到公共衛生與國家形象。時任總理李光耀在1977年2月提出了清理新加坡河及加冷盆地的計畫。這項工程並不只是單純的清理垃圾，而是涉及大規模的都市規劃與社會工程。

十年奮鬥：清理與重建

李光耀領導的執政團隊深知要讓新加坡河恢復清澈，必須從根本上解決污染源。第一步是遷移沿岸的居民與商業活動，以確保污水不再直接排入河流。政府成立「徙置署」，負責安置約3,000戶家庭工廠及5,000名街邊熟食小販，並對相關業者提供補償與重新安置計畫。

此外，政府還逐步關閉了8,000個養豬場，以防止動物糞便污染河道，並加快建設現代化的污水處理設施。政府大力推動住宅與商業區的污水管道接駁工程，確保所有污水能夠進入下水道系統，而非直接排入河流。

▌新加坡河遊船，作者拍攝，2024年6月19日。

在這十年間,新加坡政府投入大量資源,進行全面性的環境改造計畫。清理河道的工作包括打撈垃圾、清除淤泥、鋪設排水系統及建設污水處理廠。政府還積極推動環保教育,讓民眾了解水資源的重要性,提升公眾的環保意識。

改造後的新加坡河:繁榮與永續發展

經過十年的努力,新加坡河與加冷盆地終於煥然一新。水質大幅改善,原本惡臭難聞的河流變得清澈,周邊環境也隨之升級,吸引大量投資與開發項目。濱海灣區域更進一步透過填海造陸,成為新加坡的經濟心臟,許多國際企業在此設立辦公室,高級酒店與商場紛紛

新加坡河出口的魚尾獅景點,作者拍攝,2024年6月19日。

進駐。

　　此外，新加坡政府不僅讓這片區域成為商業中心，也保留了大量的綠地與公共空間。如今，濱海灣是市民運動、休閒與觀光的熱門景點，無論是晨跑、划船，或是傍晚漫步河畔，皆能享受優美的環境與清新的空氣。

　　更重要的是，濱海灣蓄水池的建設讓這片區域不僅擁有景觀價值，還發揮實際的環保功能。該蓄水池可提供全國約10%的用水量，為新加坡的水資源管理做出貢獻，也讓這座城市更具可持續發展的能力。

　　新加坡河的蛻變，充分體現了政府遠見、堅定決心與精細的規劃。這項為期十年的整治工程，不僅解決了環境污染問題，還成功帶動經濟發展，讓這條曾經污穢的河流，轉變為世界知名的旅遊與商業區。

第47章 從城市規劃到價格機制 確保交通順暢

　　根據瑞士IMD的2024年智慧城市指數，新加坡在全球智慧城市中排名第五，在亞洲名列第一。在交通順暢度方面，新加坡更是位列全球十大智慧城市中的第二名。如果將堵車嚴重程度納入考量，新加坡成為世界十大智慧城市中堵車問題最不嚴重的城市。

　　IMD調查顯示，在新加坡，「堵車不是問題」的得分為50.0分，略低於坎培拉（63.8分）與阿布達比（52.9分），而「公共運輸很滿意」的得分為78.5分，略低於阿布達比（83.8分）與蘇黎世（80.0分），兩者相加的新加坡交通順暢度得分為128.5分，僅低於阿布達比（136.7分）。然而，僅22.9%的新加坡受訪者認為堵車問題需要優先解決，是全球十大智慧城市中最低的比例，比阿布達比還低10.9個百分點。

世界前十名智慧城市的交通便利性評分

	智慧城市排名	堵車不是問題	公共運輸很滿意	交通順暢度總得分	堵車問題的嚴重性
蘇黎世	1	41.0	80.0	121.0	58.8%
奧斯陸	2	45.3	62.8	108.1	33.9%
坎培拉	3	63.8	55.7	119.5	27.7%
日內瓦	4	39.1	72.8	111.9	51.7%
新加坡	5	50.0	78.5	128.5	22.9%
哥本哈根	6	32.3	65.9	98.2	44.6%
洛桑	7	28.7	68.5	97.2	58.2%

	智慧城市排名	堵車不是問題	公共運輸很滿意	交通順暢度總得分	堵車問題的嚴重性
倫敦	8	24.9	58.1	83.0	40.4%
赫爾辛基	9	42.2	74.8	117.0	27.6%
阿布達比	10	52.9	83.8	136.7	33.8%

資料來源：International Institute for Management Development, *IMD Smart City Index 2024*.

新加坡面積736平方公里，人口超過604萬人，人口密度非常高，卻能維持極為順暢的交通，得益於五大關鍵因素：完善都市規劃、完善公共運輸、提高擁車成本、完善交通系統、減少尖峰開車。

第一，完善都市規劃。新加坡全國分成5個區、24個組屋市鎮（還有非組屋市鎮的武吉知馬區與中央區），每個區有區中心、鎮中心，設有商業中心、娛樂設施、學校與醫療中心，之下有社區與轄區，設有超市、購物中心、商店、小販中心或工廠。因此，居民可以在區中心、鎮中心、社區或轄區滿足生活或工作需求，便可以減少跨區通勤的需要，緩解交通壓力。

第二，完善公共運輸。新加坡擁有覆蓋廣泛、便捷高效的地鐵（MRT）與公車系統，能滿足大部分居民的出行需求。MRT覆蓋市區與主要住宅區，確保大多數居民的住家到車站距離不超過500公尺，MRT班次高峰期間間隔僅2-3分鐘，離峰時間5-7分鐘，地鐵單程車票從0.92新幣起，最遠距離（約50公里）的車程最高只有2.26新幣，公車路線與地鐵站無縫銜接，公車有專用車道以提高準點率，而且地鐵站與公車站以有蓋走廊及地下通道連結目的地，方便通勤者步行。

2040年，新加坡希望實現MRT覆蓋率超過90%的住宅區、90%的住宅區到最近地鐵站行走距離不超過10分鐘、90%的居民在45分鐘內到達工作地點。

第三，提高擁車成本。新加坡實施「車輛配額制度」，購車必須競標獲取擁車證（COE），以維持穩定的車輛總數。COE價格昂貴，2023年10月最貴時引擎容量超過1600cc房車的COE得標價高達150,001新幣（約三百五十萬台幣），每張COE有效期只有10年。通過嚴格控制車輛增長率（目前約為0%或接近0%），確保道路不會因車輛數量過多而堵塞。2024年10月新加坡註冊車輛為856,286輛，從1995年至2024年，每個月平均的註冊車輛為777,158輛。

第四，完善交通系統。新加坡交通管理系統涵蓋停車場、道路規劃及智能監控，確保車流順暢。新加坡有超過12,000個停車場、140萬個停車位（遠超過註冊車輛總數），遍佈在住宅、購物中心、辦公大樓與公共設施等等，駕駛憑藉一張電子現金卡便可以在所有停車場停車，十分方便。

其次，每個商業大樓與住宅區幾乎都是從馬路內縮，店面或住宅沒有接臨馬路，或以綠林帶或柵欄隔開小區與馬路，讓駕駛無法在馬路旁直接停車或讓乘客上下車。同時，每個地方幾乎都有位於小區內或大樓內的指定下車點，方便乘客上下車，並在雙黃線區域高額罰款嚴禁停車或上下乘客，駕駛才不會隨處停車或讓乘客上下車，造成車道縮減而堵塞。

再者，主要公車站大都有公車站彎道，或有公車專用道，以方便公車停車與上下乘客，才不會堵住後面來車或縮減車道，進而造成堵車。最後，主要道路都有智能監控系統，通過精準數據與人工智慧分析，定期調整交通政策、紅綠燈時序與道路設計，調整公共交通時間表、增加高需求路段的車次，以提升交通效率。

第五，減少尖峰開車。新加坡在繁忙路段和時段實施電子道路收費（ERP），以價格機制調節交通流量。ERP系統在繁忙的道路入

口設置電子感應門，車輛經過時會從附在擋風玻璃上的車內閱卡器（IU）的現金卡自動扣除通行費。ERP系統依路段與時段動態調整，收費介於0.5至6新幣，高峰時段如早上7至9點、傍晚5:30至7點較高，鼓勵駕駛避開高峰期或選擇替代路線。

因此，駕駛者在選擇駕車時會考慮行車成本，更多人轉向使用公共交通工具，選擇非高峰時段或替代道路出行，以緩解城市交通壓力、提高商業活動與物流效率、並減少擁堵和怠速行駛而降低碳排放。

第48章　三項人性化的交通措施

　　無論是本地居民還是外來遊客，都能夠感受到新加坡在交通設施規劃上的用心與貼心。新加坡政府推出三項極具人性化的措施，讓民眾在乘車時更加便利、舒適、安全，這三項措施分別是乘客上下車點、計程車載客點與公車站彎道（Bus Bay）。

貼心的乘客上下車點設置

　　新加坡的許多景點、公共設施、大型商場、辦公大樓、住宅區、組屋、公寓等地區，都設有乘客上下車點及等候區。這些專門設置的區域，不僅讓乘客能在固定地點安全上下車，也減少了隨意停車帶來的交通混亂。

　　這些上下車點通常配備遮棚與長椅，讓等待的乘客能夠舒適休息，特別是在艷陽天或下雨時，遮棚的設計更顯貼心。此外，寬敞的車道確保接送車輛有條不紊地進出，避免交通擁堵或違規停車的情況，讓乘客能夠輕鬆找到定位，順利搭乘交通工具。

完善的計程車載客點規劃

　　除了乘客上下車點，新加坡還設立了完善的計程車載客點，分布於各大景點、購物中心、商業區及住宅區，讓乘客能夠輕鬆搭乘計程車，而無需站在路邊攔車。

　　每個計程車載客點都有清晰的編號與標誌，地面也設有專用停靠

區，以確保其他車輛不得隨意進入，確保交通秩序。有些載客點還配備長椅，讓乘客等候時更為舒適。

此外，部分載客點設有連線設備，讓乘客能快速預約計程車，無需透過手機叫車，特別適合不熟悉當地交通方式的遊客或臨時無法使用手機的民眾。

公車站彎道設計：提升搭乘公車的便利性與安全性

新加坡的公車站彎道設計也是提升交通便利性與安全性的關鍵措施之一。在主要道路與公車站點，政府設置了專用的公車站彎道，確保公車可以停靠在專屬區域，而不會阻礙其他車輛行駛。

這樣的設計讓公車能夠順暢進出，避免公車直接停靠在行車道上造成交通堵塞。此外，公車站彎道的設置讓乘客可以更安全地上下車，避免與其他車輛爭道的危險，降低意外發生的可能性。

許多公車站也配備候車亭、長椅與遮棚，讓乘客能夠舒適地等待公車，即使在炎熱或下雨的天氣下也不受影響。

透過這樣的公車站彎道設計，新加坡不僅提升了公共運輸的效率，也確保了乘客與其他道路使用者的安全。

提供更便利與安全的交通體驗

這些貼心的措施不僅提升了民眾的乘車便利性，也提供了更高的安全保障。固定的上下車點降低了馬路邊匆忙上車的風險，減少交通事故的可能性，而計程車專屬停靠區則確保了計程車能夠安全地接送乘客，避免隨意攔車帶來的潛在危險。

此外，這些設施的規劃讓整體交通更為順暢。當車輛能夠在指定地點有序停靠，而非隨意在道路上臨停或違規併道時，不僅減少了交

通擁擠，也提升了行車安全。

　　新加坡精心規劃乘客上下車點、計程車載客點與公車站彎道。這些貼心的設施不僅提升了交通的便利性與舒適度，也增強了安全性與秩序，展現出新加坡執政團隊對於細節的重視與對民眾的關懷。

新加坡植物園上下車點
照片來源：作者拍攝，2023年11月18日。
新加坡計程車上下車點
照片來源：作者拍攝，2023年11月18日。
新加坡公車站彎道
照片來源：https://landtransportguru.net/bus-priority-schemes/，2025年3月8日。

第49章 從「花園城市」到「自然中的城市」

新加坡，這座以高樓林立與都市繁華鬧區聞名的城市國家，自獨立以來，始終致力在城市化進程中融入綠色元素，從最初的「花園城市」願景，逐步邁向「自然中的城市」目標。這種轉變不僅提升了居民的生活品質，也為全球城市的可持續城市發展樹立了典範。

「花園城市」的願景與實現

1963年6月16日，新加坡開始推動植樹活動，時任總理李光耀種下一株黃牛木。1965年新加坡獨立後，李光耀於1967年提出「花園城市」的構想，期望透過大規模植樹與建設綠地，改善生活環境、吸引外資，並提升居民的生活品質。此一政策標誌著新加坡在城市規劃中正式納入綠化作為核心戰略。

根據此施政方針，新加坡展開全國性的綠化運動。至1970年底，已種植逾5.5萬棵樹木；1974年累計新增15.9萬棵；2014年更達到140萬棵；2017年超過200萬棵。2020年前，新加坡每年種植約5萬棵樹，政府在2020年推出「百萬樹木運動」，目標是在未來十年種植100萬棵樹，但到2025年3月已經種植783,062棵樹，可望提前4-5年達成目標。[1] 至2025年，國家公園局管理的樹木總數達到600萬棵，顯示出穩健而持續的綠化成果。

---

[1] https://www.nparks.gov.sg/treessg.

同時，公園建設亦迅速發展。1975年僅有13座公園、總面積約8.8平方公里，占國土1.5%；2014年已增至330座，面積達97.1平方公里，占國土面積的16.7%；2025年則進一步擴展至405座公園，總綠地面積達163平方公里，占國土面積22.1%。[2]

　　至2025年初，全國已有超過40%的土地被綠化覆蓋，涵蓋自然保護區、公園、道路綠帶、建築綠牆和空置的國有土地，構築出多層次的綠色城市網絡。[3]這些公園與綠地不僅為居民提供休閒娛樂的場所，也被譽為城市的「綠肺」，在改善空氣品質、調節氣候等方面發揮了重要作用。

都市綠道與景觀設計

　　新加坡的綠化策略不僅限於公園，而是全面深入城市空間。主要道路與高速公路兩旁種滿了高大茂密的樹木，形成自然「綠色隧道」，有效降低城市熱島效應，營造舒適的交通環境。中央分隔帶則種植如三角梅、美人樹、黃金雨樹與鳳凰木等多樣花木，為城市景觀增添色彩與層次，提升城市的美學價值。

　　工業區的綠化亦成為政策重點。自2020年起，國家公園局啟動計畫，目標於2030年前在如裕廊島等工業區增植17萬棵樹。至2023財年，新增植樹2萬棵，總數已突破11.5萬棵，反映出即便在生產重地也不忽視綠色佈局。

---

[2] "FACTS & FIGURES FY2023," National Parks Board, https://www.nparks.gov.sg/portals/annualreport/facts-figures.html

[3] SUSTAINABILITY REPORT, National Parks Board, https://www.nparks.gov.sg/portals/annualreport/sustainability-report.html.

綠建築與永續城市理念

城市綠化亦延伸至建築環境，體現「垂直森林」理念。如皮克林賓樂雅酒店（PARKROYAL COLLECTION Pickering），其建築外牆與露台滿植綠意，成為融合自然與建築的經典案例。這類建築不僅降溫節能，更提升城市美感與生態品質。

新加坡許多住宅區周圍都環繞著大片森林，讓居民即便生活在都市，也能享受大自然的寧靜與清新空氣。這種都市與綠地共存的模式，使新加坡真正實現「自然中的城市」，讓都市發展與綠色生態相輔相成。

國家公園局正積極推動高層建築綠化措施，包括垂直綠牆、綠屋頂與空中花園等，既有助於降低建築物溫度，也使人們的生活與工作更加舒適。目前全島已完成約193公頃摩天大樓綠化，展現出在高密度都市中擴展綠意的創新能力。

邁向「自然中的城市」

2021年政府發布《新加坡綠色計劃2030》，為「自然中的城市」願景擘劃清晰藍圖。計畫目標包括：2030年前種植100萬棵樹、每戶步行10分鐘可達公園、新增1,000公頃綠地，以及每千人配置0.8公頃綠地，並建構多條綠色走廊，強化全島的生態連結與韌性。

具體策略包括建構長達387公里的綠色走廊系統，連接主要公園與自然保護區，不僅便利居民步行與騎行，也提供野生動物棲息與遷徙通道。另建構210公里「自然綠道」，模仿森林生態結構，以利鳥類與蝴蝶活動，同時調節街道微氣候。

此外，國家公園局亦致力於生態修復與物種保育。截至目前，已

新加坡的城市景觀
照片來源：作者拍攝，2023年5月13日。

新加坡的皮克林賓樂雅酒店
照片來源：Klook客路，https://www.klook.com/zh-CN/hotels/detail/254

第49章　從「花園城市」到「自然中的城市」　223

修復40公頃森林與海岸棲地,目標2030年前達80公頃。同時,推動超過80種植物與40種動物的物種恢復計畫,使新加坡人得以在都市綠地中親見如紅樹、巽他懶猴等稀有本土物種,實現生態教育與保育共融。

這場從「花園城市」走向「自然中的城市」的蛻變,是新加坡對於永續未來的長期承諾。其精密的規劃與系統化推進,不僅改寫了城市與自然的關係,更為全球面對氣候變遷與都市化挑戰的國家提供了可借鑑的發展模式。

『社會和諧篇』

第50章 多種族融合共存打造公民國家認同

1965年8月9日新加坡獨立當天，李光耀建國總理向人民承諾：「新加坡將成為一個多元種族的國家。我們會樹立榜樣；這不是馬來人的國家，不是華人的國家，也不是印度人的國家，而是屬於每個人的家園，不論語言、文化、宗教，一個人人平等的地方。」

2019年時任新加坡總理的李顯龍發表國慶演說強調，新加坡是一個多元種族的獨立國家，所有族裔都要落地生根，認同新加坡公民的新身份，認同與效忠新加坡。李顯龍在2022年國慶演說時再次強調，「新加坡華族不再是落葉歸根，而是落地生根。」

新加坡脫離英國殖民者及馬來西亞獨立，建立一個多種族融合共存的移民國家，過程相當不容易。例如，如果投票決定國語，占公民人數75%的華裔一定是主流，但是少數民族（馬來裔占15%、印度裔占7.5%）一定不服，國家恐怕會分裂。在建國初期，新加坡如何面對環伺的強敵？各種族如何齊心協力推動新加坡未來的國家願景？

新加坡舉行歷屆國慶活動，最後的節目總是所有與會者共同宣讀《國家信約》：「我們是新加坡公民，誓願不分種族、言語、宗教，團結一致，建設公正平等的民主社會，並為實現國家之幸福、繁榮與進步，共同努力。」全場國民起立齊聲宣告新加坡是一個多種族的移民國家，必須放下原來的種族認同，要以公民身份為基礎，才能凝聚國家認同與團結國民。

除了國民聚會一起朗讀《國家信約》，新加坡政府還透過以下制

度的安排與具體實踐，為多種族的新舊移民形塑統一的國家認同，進而促進全體國民團結。

首先，新加坡憲法承認馬來人的特殊地位。憲法規定：政府應行使其功能，承認馬來人的特殊地位。馬來人是新加坡的土著居民，因此政府有責任保護、捍衛、支持、推動和促進馬來人的政治、宗教、經濟、社會和文化利益，以及馬來語言。

其次，在語言方面，新加坡保留馬來語為國語，官方語言包括英語、華語、馬來語、淡米爾語，工作語言只有英語，方便各種族之間溝通，才不致形成種族之間的隔閡與不公平待遇，並藉此推動國際化。同時，總理的國慶群眾大會演說都以三種語言演講，以示尊重各族群文化，也針對不同族裔關切的議題進行溝通。

第三，總統選舉顧及不同族裔的平衡。從2017年起，如果某一種族連續五個任期（30年）內都沒有成員當選總統，那麼下一個任期的總統職位將由該種族的成員擔當；但如果該種族不存在具有足夠候選資格的候選人，此屆總統選舉將向所有種族開放，而為該種族保留的總統職位選舉將推遲到下一屆。

第四，在國會選舉，2022年全國分為31個選區，其中17個選區為集選區，每個集選區提名3-6位，但至少1位必須屬於馬來、印度或其他少數族群，以確保國會中有少數族群代表。

第五，在移民政策，新加坡開放移民的比例與內部各族裔的比例一致，以便維持各族裔的人口比例不變，讓各族裔之間維持彼此互信與和諧。

第六，在組屋政策，必須按照種族的比例分配居民住屋，讓每個社區都是新加坡種族比例的縮影，推動各種族和諧相處；組屋社區的小販中心必須有不同種族的食物；政府在組屋舉辦的活動必須兼顧各

種族的活動需求。

　　第七，在教育政策，政府推動雙語政策，要求學生在學習英語的同時，也學習自己的母語，以尊重與弘揚各族文化。此外，學校也組織各種跨文化活動，增進學生對不同族群的瞭解與包容。

　　第八，儘管沒有顯著的外在軍事威脅，所有年滿18歲及以上的男性公民都必須服役兩年，以培養公民保家衛國的責任感與國家認同感。

第51章 歡騰國慶盛典 信約凝聚全民共識

　　2023-2024年連續兩年參與新加坡國慶盛典，讓我對這場國家級慶典的意義與精神有了更深刻的體會。國慶遊行不僅是一場展現國家榮耀的盛事，更是一個凝聚全體國民情感與國家認同的重要時刻。當夜幕降臨，整座城市沉浸在璀璨燈光與熱烈氛圍之中，無論是參與者還是觀眾，都滿懷愛國情懷，共享這場盛大的慶典。

　　從精彩絕倫的表演、壯觀的閱兵儀式，到令人目不暇給的文化展演，每一個環節都展現了新加坡多元文化的獨特魅力。國慶活動於夜晚舉行，城市燈火與舞台燈光交相輝映，使現場氣氛更加熱烈。不同種族與文化背景的表演者依序登場，透過音樂、舞蹈與視覺藝術，生動呈現新加坡作為多元種族國家的獨特性。

　　舞蹈表演融合了華族、馬來族、印度族和歐亞裔群體的傳統藝術，觀眾可以欣賞到華族舞獅的矯健、馬來族傳統舞蹈的優雅、印度婆羅多舞的靈動，以及歐亞裔群體的現代融合舞蹈。這些精彩演出不僅是藝術表達，更象徵著新加坡社會如何在多元文化中共存，攜手塑造一個包容且和諧的社會。

　　特別值得一提的是，整場國慶活動沒有冗長的演講，讓所有人的注意力都聚焦在精心安排的表演與燦爛奪目的煙火秀。當晚會進入高潮，壯觀的燈光秀與煙火點亮夜空，現場觀眾沉浸在這場視覺與聽覺的盛宴之中，舉國同歡，共同慶祝這個意義非凡的夜晚。

新加坡國慶遊行：2023年
照片來源：作者拍攝，2023年8月9日。

新加坡國慶遊行：2023年
照片來源：作者拍攝，2023年8月9日。

新加坡國慶遊行：2024年
照片來源：作者拍攝，2024年8月9日。

新加坡國慶遊行：2024年
照片來源：作者拍攝，2024年8月9日。

第51章　歡騰國慶盛典 信約凝聚全民共識

整場活動中，最令我動容的時刻，莫過於遊行的尾聲，全場共同宣讀新加坡國家信約（National Pledge）。這不僅是一項儀式，更是新加坡人民精神的象徵。這份信約的內容深具意義，短短幾句話卻展現了新加坡這個多元文化國家的核心價值觀：

「我們是新加坡公民，誓願不分種族、言語、宗教，團結一致，建設公正平等的民主社會，並為實現國家之幸福、繁榮與進步，共同努力。」

信約的歷史與意義

新加坡國家信約由時任副總理拉惹勒南（S. Rajaratnam）於1966年撰寫，當時的新加坡剛剛從馬來西亞獨立，仍處於國家建設的初期。面對種族多元、宗教多樣以及語言文化差異等挑戰，政府深知，只有確立一個共同的國家認同，才能讓這個剛成立的國家穩定發展。因此，這份信約的誕生，目的在於強調國民團結、種族平等與社會和諧，並希望它成為每位公民心中堅定的信念。

這份信約不僅僅是口號，更是一份承諾，提醒所有新加坡公民，他們共同承擔著國家的未來。這些價值觀不僅體現在政府政策上，也深深烙印在新加坡人的日常生活中。例如，政府嚴格執行種族和諧政策，住宅分配制度確保不同種族的居民能夠共存，以防止社區出現種族隔離的情況。此外，學生每天早晨都會在學校齊聲朗誦這份信約，這種制度性安排，讓年輕一代從小就培養出對國家的責任感與歸屬感。

國家信約在當今社會的影響

隨著時代的變遷，這份信約的價值不減反增。在全球化的影響下，許多國家面臨社會分裂、政治極端化的挑戰，而新加坡透過信約倡導的核心價值，維持著社會的穩定與和諧。當世界各地因種族或宗教問題而引發衝突時，新加坡各族群依然能維持和平共處，這背後正是因為人民始終堅守這份信約的精神。

看到各個年齡層、不同背景的人們站在一起，無論是馬來族、華族、印度族還是其他少數民族，都同心協力地誦讀這份信約，這讓我對新加坡的社會模式有了更深的體悟。在這裡，個人不僅是自身文化的一部分，更是整個國家的一分子，而國家信約正是將這些多元文化凝聚在一起的核心力量。

參與這場盛大的國慶活動，不僅讓我見證了一個國家的慶典，也讓我更加理解新加坡社會的內涵。這份信約不只是新加坡的誓言，也是一種對全世界的啟發——無論國家大小、社會多元與否，只要人民能夠團結一致，秉持公正與平等的精神，就能夠共同創造一個幸福、繁榮與進步的社會。

第52章 守護國家：防止外來干預

新加坡人口不多，政府高度重視內部族群的團結與人民對國家的忠誠，強調唯一效忠的對象是新加坡。李顯龍總理在前（2022）年國慶演說中特別強調，新加坡華族不再是「落葉歸根」，而是「落地生根」，並表示：「我們有自己的故事可以說，而且一定要把它說得精彩。」

為了鞏固國民意識，新加坡人在公共場合，如學校、武裝部隊及國慶典禮上，都會齊聲宣讀《國家信約》。該信約的內容如下：「我們是新加坡公民，誓願不分種族、言語、宗教，團結一致，建設公正平等的民主社會，並為實現國家之幸福、繁榮與進步，共同努力。」

防範外國勢力干預

近年來，許多國家受到外國政府透過媒體或代理人進行干預，新加坡為此於2021年底通過《防止外來干預（對應措施）法》（FICA），以防範外部勢力透過敵意訊息宣傳或本地代理人介入內政。該法案中關於「本地代理人」的條款於2023年12月29日正式生效。

新加坡政府在立法時指出，外來勢力可能透過偽裝或協作等手段，在社群媒體上散播不實訊息，試圖影響新加坡的政治環境，破壞社會團結與和諧，誤導公眾對政治議題的認知，甚至動搖民眾對政府的信心，影響選舉結果。

根據《防止外來干預法》，新加坡政府於2024年2月2日宣布，香

港商會及九龍會會長陳文平可能受外國勢力影響，並有意促進對方利益。為防止他成為外國勢力的代理人，新加坡政府考慮將他列為「具政治影響力者」。隨後，陳文平辭去所有新加坡基層組織職務，並卸任香港商會及九龍會會長一職。

首位「具政治影響力者」的案例

陳文平於1990年從香港移民至新加坡，1993年取得新加坡公民身份，長期活躍於社區基層及宗鄉會館。他主要從事房地產及教育業務，並為新加坡高端客戶提供子女留學諮詢服務。此外，他還開辦「認識中國」通識課程，幫助年輕人及有意赴華經商者「真正了解中國和中國文化」。

2023年3月，陳氏以「海外列席代表」身份受邀參加中國政協會議，並在接受媒體訪問時表示：「海外僑胞有義務，也會盡力在海外講好中國故事。」此外，他還建議籌組僑胞聯盟，以推動交流與合作，為講好中國故事發揮力量。

新加坡政府於2024年2月26日正式將陳文平列為該國首位「具政治影響力者」，並規定其每年需申報所有超過1萬新幣的政治獻金來源，以及與外國政治或立法機構的聯繫，包括所獲得的移民福利，如榮譽公民資格或永久居留權等。

截至2025年3月底，新加坡共有七位公民申報自己是外國立法機構或政治團體的成員，內政部已經將信和集團主席黃志祥，以及他的子女黃永光、黃永龍和黃敏華都列為具政治影響力者，因為他們都是中國政協委員。

新加坡政府的這一舉措，展現了其維護國家主權的決心，同時也是對外部勢力可能干預的明確回應。

第53章 立法防止外力破壞種族和諧

　　新加坡立國時只有189萬人口，1977年後的總和生育率便低於維持人口平衡的2.1，但是去（2024）年新加坡總人口卻達到604萬人。為了吸引外國人才、企業家與因應少子化，新加坡政府大量開放外國專業與企業家移民。面對龐大的新移民，過去三年新加坡積極立法，以防止外國政府透過移民或組織破壞種族和諧。

　　在新加坡立國前一年的1964年7月21日，馬來人與華人之間發生全島大範圍的暴力衝突，歷時十七天才平息，暴亂中23人喪命，超過400人受傷。二個月後再度引發馬來人與華人之間衝突的暴亂，12天的暴亂造成13人死亡，超過100人受傷。

　　為避免種族衝突重演，政府之後就將每年的7月21日定為「種族和諧日」。當天不同種族的學生會穿著自己的傳統服裝來學校，學校也在這一天舉辦各種活動；活動開始時，老師會介紹種族和諧日的由來和重要性，以及各種族的文化習俗，讓學生知道新加坡是一個多元種族和文化的國家，需要不同族群的包容及和睦共處。

　　為維持種族和諧與避免外國勢力操弄，在2021年國慶群眾大會上，時任總理李顯龍宣布繼三讀通過《防止外來干預法》之後，將制定《維持種族和諧法》，而且內政部廣泛徵詢公眾社區領袖的意見，多數受訪者表示支持。

　　2025年2月初，新加坡國會朝野更一致通過《維持種族和諧法案》。此法授權內政部長向散播損害新加坡種族和諧的個人或實體發出限制

令，禁止個人或組織傳播特定訊息、發表相關演說、參與印刷、編輯或製作、擔任刊物編委會，並採取措施阻止訊息在新加坡傳播。

　　為了防止種族組織受外國勢力影響，新加坡300多個包括宗鄉總會和商會的種族組織，將被指定為受監管實體，這些實體須申報來自國外捐款和匿名捐款、披露與外國的關係和公開領導層結構等，以防範惡意的外國勢力通過這些實體破壞新加坡的種族和諧。

第54章 立法限制可疑轉帳對抗猖獗詐騙

新加坡警方公佈，2024年詐騙案件比2023年增加10.6%，但詐騙總損失金額卻大幅攀升70.7%，達11.1億新幣（約267.2億台幣），警方僅成功追回1.828億新幣（約43.9億台幣），占總損失金額的16.4%。值得注意的是，加密貨幣詐騙的損失占比，從2023年的6.8%急升至2024年的24.3%。

為應對猖獗的詐騙行為，新加坡政府於今（2025）年1月16日通過《防詐騙保障法案》，授權警方在必要時限制特定民眾的銀行轉帳，以遏制詐騙行為、保護民眾財產安全。

詐騙案件六年內暴增6.3倍

過去六年，新加坡詐騙案件數量大幅增加6.3倍。2018年僅6,234件，2019年增長53%至9,545件。隨著疫情推動社交媒體與數位交易普及，詐騙案件數量飆升：2020年再增加64%到15,651件，2021年也增加53%到23,933件，2022年再增加33%到31,728件。

即便疫情結束，詐騙案件仍未減緩：2023年增加47%到46,563件，2024年再增加11%到51,501件。以新加坡 604 萬 人口計算，假設每個人都只被騙一次，2024年平均每117人就有1人遭遇過詐騙（包括外籍人士），過去六年平均每33人就有1人遭遇過詐騙。

詐騙損失六年內成長5.3倍

　　從詐騙金額來看，過去六年足足增加5.3倍。2018年詐騙總損失金額為1.514億新幣，2019年微幅增加到1.708億新幣。疫情發生後，2020年詐騙總損失金額大幅增加56%到2.657億新幣，2021年驚人增長138%到6.32億新幣，2022-2023年大致持平，但去年暴增71%到11.124億新幣，其中加密貨幣詐騙達2.7億新幣。過去五年，詐騙總損失累計33.2億新幣，但警方僅追回5.9億新幣，追回率僅17.8%。

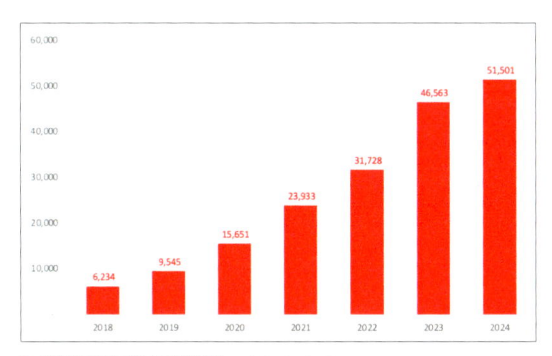

新加坡詐騙案件總數：2018-2024
資料來源：新加坡警察部隊。

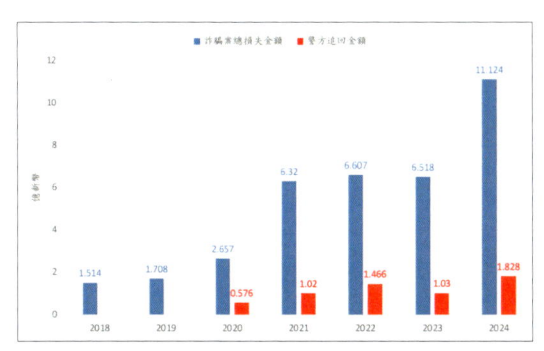

新加坡詐騙案總損失及追回款項：2018-2024
資料來源：新加坡警察部隊。

第54章　立法限制可疑轉帳 對抗猖獗詐騙　239

防詐措施難擋受害者「自願」轉帳

新加坡政府與銀行業者已實施多項反詐措施，例如：「緊急止付」機制，當客戶懷疑帳戶遭盜用，可立即凍結資金；「資金鎖定」機制：允許客戶將部分資金設定為無法透過網路轉出；多家銀行派員進駐警局詐騙防治中心，即時溝通疑似詐騙案件資訊與協調，以便提醒與勸告受害者不要受騙轉帳。

然而，根據新加坡警方的統計，2024年的詐騙案件中，82.3%是被害人自願轉帳給詐騙集團。大部分的案件中，歹徒並未直接控制受害人的帳戶，而是透過欺騙與社交工程操控被害人進行資金移轉。即使警方或銀行人員試圖提醒，許多受害者仍堅持轉帳，而警方與銀行並無權強行阻止。

《防詐騙保障法案》授權警方限制可疑轉帳

為因應此困境，《防詐騙保障法案》授權警方在合理懷疑民眾將匯款給詐騙集團，且其他勸阻手段無效時，可向銀行發出「限制令」，暫時凍結受害者的轉帳權限。此外，多家銀行已派員進駐警局詐騙防治中心，確保即時資訊交換與帳戶凍結處理，以便在最短時間防止受騙資金轉移到國外無法管轄的帳戶。

新加坡警方實施「限制令」最長時效為30日，必要時可延長最多30天，最多可延長五次，等於前後最長達180天。但是，受限制令的民眾可向警察總監提出訴願，為確保訴願過程迅速完成，警察總監將作最終裁定。此外，受限制令的民眾可以必要日常開銷為由向警方申請同意動用資金。在限制令結束後，受限制令禁止轉帳的民眾便可以自己決定是否轉帳。

「觀光與文化篇」

第55章　精準策略打造全球頂尖旅遊勝地

　　新加坡雖僅擁有736平方公里的國土，卻在短短14年間，成功將國際觀光客人次從2005年的894萬提升至2019年的1,911萬，躍升為全球矚目的旅遊勝地。

　　即便遭逢疫情重創，觀光產業依舊展現出強勁的復甦力道。2024年，新加坡接待國際遊客達1,650萬人次，較前一年成長21%；觀光收益則達297.8億新幣（約新台幣7,388億元），年增幅達9.7%，已經超越疫情前2019年的271億新幣紀錄。新加坡政府預估，2025年國際遊客人次將介於1,700萬至1,850萬之間，旅遊收益則可望落在290億至305億新幣。

　　更具企圖的是，政府已將2040年觀光收益目標設定為470億至500億新幣，約為目前的1.7倍。其中，會展旅客的消費潛力尤其受到重視——2019年此類旅客創造的收益為4億新幣，預計至2040年將躍升至目前的三倍，佔整體觀光收益的比重也將從4%提升至10%。

　　這一連串令人矚目的成果，絕非偶然，而是新加坡政府長期以來審慎規劃與一系列關鍵政策決策的結晶。根據一位前國會議員向我分享及相關資料的分析，本文將探討新加坡政府如何透過精準的市場定位、鎖定高端旅客、發展綜合娛樂城並推動嚴格監管，使這座城市國家成功轉型為世界級的旅遊熱點。

精準市場定位：避開競爭，掌握最佳機會

新加坡深知，在全球旅遊市場競爭激烈的情勢下，香港與曼谷是主要競爭對手。尤其在2005年，香港迪士尼即將開幕，加上中國市場日益成為各城市爭相角逐的重點，新加坡若試圖與香港、上海等城市正面競爭，勢必將處於劣勢。因此，新加坡積極拓展東南亞與印度旅客來源，降低對中國遊客的依賴。

此一策略的背後，是對區域旅遊市場結構的清晰判斷。面對澳門與香港在中國市場的強大吸引力，新加坡選擇發展自身在區域內的優勢，不僅成功避開正面競爭，也建立起具有特色與韌性的旅遊定位。

吸引高端旅客：國際會展與主題樂園雙軌並行

在目標市場明確之後，新加坡政府將政策焦點放在吸引高端國際旅客，並以發展國際會展與主題樂園為雙重引擎。這兩大產業不僅有助於穩定帶來高消費力旅客，也有助於形塑新加坡作為國際會議與娛樂中心的品牌形象。

然而，要吸引全球一流企業投資新加坡，僅靠原有資源仍顯不足。賭場產業因而被納入考慮範疇。這項構想一度引發激烈爭論，因為李光耀長期以來堅決反對賭博產業的發展，並多次公開表達對賭場的強烈不認同。為了解社會各界的態度，政府進行了廣泛民意調查。結果顯示，雖然大多數國人並不強烈反對開設賭場，但普遍不願見到本地居民因而沉迷其中。

基於此，新加坡政府決定採取與澳門、拉斯維加斯截然不同的發展模式——以賭場作為觀光發展的輔助設施，而非核心項目，並同時設計一系列嚴格的監管機制，確保社會風險降至最低。

經過半年的政策溝通與三天國會辯論後,政府於2005年4月18日決定推翻四十年的禁設賭場令,正式拍板通過設立兩座附設賭場的綜合娛樂城(Integrated Resorts)。儘管人民行動黨在國會中擁有壓倒性優勢,仍有部分執政黨議員公開反對或質疑此政策,擔憂賭博成癮與可能引發的社會問題。最終,李顯龍總理在國會明確表示,開設賭場是一項政策選擇,政府必須衡量其可能帶來的經濟效益是否足以補償其社會代價。他語重心長地指出:「如果我們不設法提高國家競爭力,新加坡將會被其他城市遠遠拋在後頭。二十年後,我們會在哪裡?」[1]

　　李光耀也在辯論中罕見鬆口,雖然個人仍反對賭博,但他認為綜合娛樂城有其戰略必要性。為了吸引國際企業高管與大型會展活動進駐,新加坡需要具備與國際接軌的娛樂設施。他明言:「這是對的,代價很高,但沒有綜合娛樂城的代價更高。」[2]新加坡打破禁忌開設賭場,充分印證「實用主義至上」的治國理念。

嚴格監管賭場:從政策到執行的層層把關

　　新加坡政府在賭場政策方面展現出極為嚴格的監管力度,以確保這項產業能夠促進經濟發展的同時,不會對社會帶來負面影響。

　　首先,在賭場的設立條件上,政府規定只有同時擁有國際會展中心或國際級主題樂園的企業,才有資格申請賭場執照。此外,每家賭場的面積不得超過整體設施的2%,確保其不會成為度假村的主要面貌,而僅僅是觀光發展的一部分。

---

[1] 「新加坡將建兩座世界級賭場」,《時代商報》,2005年4月20日,https://news.sina.cn/sa/2005-04-20/detail-ikknscsi6453076.d.html。

[2] "In his own words: IRs needed for S'pore to keep abreast of the top cities", Strait Times, March 27, 2015, https://www.straitstimes.com/singapore/in-his-own-words-irs-needed-for-spore-to-keep-abreast-of-the-top-cities?utm_source=chatgpt.com .

此外，政府於2008年設立賭場管制局，專責監督賭場合法營運、防堵洗錢與非法活動，並推動反賭教育與防治措施。2022年，更將該局併入新成立的賭博管制局，統一監管所有賭博型態，提升效率與效能。

對本地居民的限制亦極為嚴格。所有入場者須出示身份證明，新加坡公民需支付每日150新幣或每年3,000新幣的入場費，並作為防治賭博行為的經費，未滿21歲者不得進入賭場，違規者將遭高額罰款。賭場禁止設置提款機，新加坡人只能用現金賭博，不得刷卡換取籌碼，並不提供本地人賭博信用額度。

為進一步防止賭博成癮，政府設計了賭場禁門令制度，允許個人或其家屬申請禁止本人進入賭場，包括配偶、孩子、父母及兄弟姐妹，以保護家庭免受賭博影響。針對頻繁出入賭場卻財務困難者，「全國預防嗜賭理事會」亦可主動發出第三方禁令。若賭場違規讓被禁者進入，最高可被罰款100萬新幣，並沒收賭客贏得的籌碼。此外，賭場亦須提供賭客設定入場次數與賭資上限的自我控管機制。

這些制度設計有效防止了賭場對社會產生負面外溢效應，也讓賭博產業回歸其輔助觀光的本質定位。

兩大成功案例：濱海灣金沙與聖淘沙名勝世界

新加坡政府的這些策略成功吸引了兩座世界級綜合娛樂城的落成——濱海灣金沙與聖淘沙名勝世界，這兩大地標性建設不僅提升了新加坡的國際形象，也大幅推動了旅遊產業的成長。

濱海灣金沙由美國拉斯維加斯金沙集團投資56億美元興建，於2010年開幕。度假村內設有2,561間客房、12萬平方公尺的會展設施、7.4萬平方公尺的購物中心、藝術科學博物館與大型劇院，是高端旅

新加坡濱海灣金沙酒店
作者拍攝,2024年6月19日。

新加坡聖淘沙名勝世界
圖片來源:新加坡觀光局,https://www.visitsingapore.com.cn/see-do-singapore/recreation-leisure/resorts/resorts-world-sentosa/。

客的重要據點。濱海灣金沙在不到4年內便回本[3]，比預期的10年回收期快一倍。

該集團自2021年底投入17.5億美元進行大規模翻新，將房間數減至1,850間、套房數提升至775間，其中300多間高級套房有私人管家、專用電梯、用餐區等，以迎合高端客層需求。

雖然賭場僅佔整體設施2%，卻貢獻近七成收益。2024年，濱海灣金沙淨收入達42.3億美元，其中29.6億美元來自賭場，其餘為酒店、餐飲、零售與會展收入。

政府已同意釋出鄰近地塊供濱海灣金沙興建第四棟大樓，投資額高達80億美元，預計將設有15,000座位的娛樂場館與570間超級豪華套房。

在過去15年中，濱海灣金沙的總投資金額已超過150億美元，現有員工人數接近1萬2千人。自開幕以來，累計吸引超過5億人次造訪，日均客流量達10萬人次，並成功舉辦超過1,600場國際會展活動，成為新加坡觀光與商務活動的重要地標。

濱海灣金沙在新加坡開業十五年的貢獻

總投資額 逾150億美元	至今吸引訪客人數 逾5億人次，日均客流量約10萬人次	員工人數 逾1萬1,900人
最初發展費 56億美元	至今獲頒獎項 逾1,100個	至今為慈善籌集善款 逾3,900萬新幣
2021年翻修計畫 17.5億美元	總酒店客房 1,850間，包括775個套房 （2024年酒店平均住房率94.8%）	至今吸引的新會議、獎勵旅遊、大會及展覽活動 逾1,600個
新擴建項目預估成本 80億美元		

資料來源：鄧瑋婷，「濱海灣金沙鎖定超奢華市場」，《聯合早報》，2025年4月14日，版4。

---

[3] 李靜怡，「耗資56億美元打造 濱海灣金沙四年內回本」，《聯合早報》，2015年5月18日。

聖淘沙名勝世界則由馬來西亞雲頂集團投資48億美元建成，亦於2010年啟用。名勝世界內包括東南亞首座環球影城、全球最大水族館之一的S.E.A.海洋館、六家高級飯店與水上探險樂園，成功吸引大量家庭與高端旅客。

新加坡政府對於賭場執照的續期設有嚴格規範。2024年11月，賭博管制局宣布，將「聖淘沙名勝世界」的賭場執照延長兩年，低於《賭場管制法令》所規定的三年標準有效期。此次決定的主因在於該度假村於2021年至2023年間的旅遊表現未達預期指標，因此當局選擇採取審慎態度，僅核發兩年期執照，並預計於2026年重新進行評估，以確保其落實改善措施並達成既定目標。

新加坡之所以能成功打造全球頂尖旅遊勝地，關鍵並不在自然條件，而在政府對市場的精準定位、對高端旅客的吸引策略，以及對賭場產業的高度控管。事實上，包括日本與泰國在內的多個亞洲國家正在效法新加坡的成功經驗，設立附設賭場的綜合娛樂城。

第56章 口碑行銷與名人加持強化觀光魅力

　　我曾經受邀到位於泰國芭達雅內海，一位台灣原住民朋友潘老闆經營的「東方公主號」觀光船，觀賞人妖秀。這艘觀光船每年約吸引250萬人次遊客，門票每人400泰銖，年營收高達10億泰銖（約9億6千萬台幣），還不包括其他餐飲收入，例如觀光客每天大約消費3,800瓶啤酒。

　　值得注意的是，潘老闆幾乎不花任何廣告費，而是透過遊客與跨性別表演者（人妖）合照的方式進行口碑行銷，為了與這些豔麗的「美女」合影，遊客還需額外付費。這種獨特的行銷方式，讓「東方公主號」成為極具吸引力的觀光景點。

　　我在新加坡生活不久，發現當地的觀光產業同樣以精妙的口碑行銷策略著稱。作為一座安全、舒適且充滿綠意的花園城市，新加坡在2019年吸引了約1,911萬名觀光客，帶來龐大觀光消費，例如經常出現在東西方影視作品的濱海灣金沙酒店一晚的最低住宿費用可高達新台幣2萬元。

　　除了現代化建築與國際商業環境，新加坡政府還規劃了大量美麗的觀光景點，並精心設計各種「打卡熱點」，不僅提供舒適的座位區，還巧妙安排燈光照明，確保遊客能拍攝出最完美的照片，進而無形中透過社群媒體為新加坡進行免費的口碑行銷（如濱海灣花園、植物園的蘭花園等）。

　　此外，新加坡也成功運用「名人行銷」策略來提升觀光價值。

上圖：新加坡濱海灣花園（照片來源：作者拍攝，2024年2月10日。）
左下：新加坡濱海灣花園雲霧森林（照片來源：作者拍攝，2025年2月17日。）
右下：新加坡植物園裡的蘭花園照相點（照片來源：作者拍攝，2024年2月26日。）

星耀樟宜雨漩渦
照片來源：作者拍攝，2025年2月20日。

第56章　口碑行銷與名人加持強化觀光魅力　251

當各國貴賓訪問新加坡時，政府會以這些名人的名字命名一種蘭花品種，並種植於蘭花園內，讓觀光客能夠欣賞並了解這些名人與新加坡的故事。

例如，蘭花園內有專門紀念威爾斯王妃黛安娜、日本公主及芬蘭總理訪問的蘭花品種，這不僅讓蘭花園成為國際焦點，也增添了觀光客的參觀興趣與好奇心。

魚尾獅公園的成功案例

位於新加坡河口的「魚尾獅公園」便是一個極具代表性的成功行銷案例。魚尾獅原本只是新加坡旅遊局設計的吉祥物，但透過精心的地點規劃與完善的拍照角度設計，如今已成為全球旅客到訪新加坡時必拍的經典地標，無論是白天或夜晚，都能拍攝出獨特的畫面，使其成為社群媒體上的熱門分享點。

另一個值得關注的案例是「環球影城新加坡」，這座位於聖淘沙的主題樂園，不僅吸引影迷與家庭旅遊客群，還透過與國際影星及網紅合作來提升話題性。例如，好萊塢明星如湯姆克魯斯、馮迪索等都曾在新加坡舉辦新片首映會，這些活動不僅為新加坡帶來國際曝光，也使得影迷願意專程前往支持偶像，進一步推動觀光發展。

此外，新加坡還積極邀請全球知名的米其林星級餐廳進駐，並舉辦「新加坡美食節」等活動，結合當地小販文化與國際高端餐飲，使新加坡成為「亞洲美食之都」之一。

樟宜機場與星耀樟宜：全球最強口碑行銷場域
1 樟宜機場：全球最佳機場的沉浸式行銷

新加坡樟宜機場被評為全球最佳機場之一，不僅因為它擁有卓越

的機場設施，更因為新加坡政府將其打造成「全球最美的機場」，讓每一位抵達或轉機的新加坡旅客，都是新加坡的口碑行銷大使。

機場內擁有世界唯一的機場蝴蝶園，內部栽種熱帶植物，並有上千隻蝴蝶飛舞，讓旅客彷彿置身大自然。此外，機場還設有仙人掌花園、向日葵花園、蘭花園、百合花園等不同主題的綠化空間，提供旅客舒適的視覺享受。

對於長時間轉機的旅客來說，樟宜機場不僅提供免費電影院，還有舒適的休憩區與付費的家庭式KTV，甚至設有四層樓高的機場滑梯，讓旅客在機場內也能獲得獨特的娛樂體驗。

2 星耀樟宜：將機場變成世界級觀光景點

2019年開幕的「星耀樟宜」更是新加坡口碑行銷的巔峰之作，這座結合購物、娛樂、自然景觀的複合式建築，以全球最高的室內瀑布「雨漩渦」為核心，打造出令人驚艷的視覺效果。

樟宜機場不同航廈都有明顯指標，引導遊客沿著電動走道輕鬆進入星耀樟宜，四面八方匯集而來的人潮隨即被位於中心區的壯觀的水瀑與綠意盎然的「森林谷」所吸引，無論是白天還是夜晚，都有不同的燈光秀與特殊景觀，讓每個角度都是「網美級打卡點」。

除此之外，星耀樟宜還設有「天空之網」、霧林步道、迷宮、蹦床等各種獨特的體驗空間，讓機場成為娛樂中心，而不只是旅客的中轉站。這使得星耀樟宜成為全球旅客專程來訪的新加坡新地標，每個來訪的遊客都迫不及待地在社群平台分享樟宜機場的美麗景色，進一步為新加坡帶來免費的全球行銷效益。

①新加坡樟宜機場出境大廳（照片來源：作者拍攝，2024年9月12日。）
②新加坡樟宜機場出境大廳（照片來源：作者拍攝，2024年12月5日。）
③新加坡樟宜機場第二航站內部（照片來源：作者拍攝，2023年12月7日。）
④新加坡樟宜機場第二航站內部（照片來源：作者拍攝，2024年1月5日。）
⑤樟宜機場第三航站的蝴蝶園（圖片來源：https://www.tripadvisor.com/Attraction_Review-g294265-d8152168-Reviews-Butterfly_Garden-Singapore.html，2025年3月10日）

①	②
③	④
	⑤

第57章 F1賽車帶動國際觀光與全球商機

我於去（2024）年親臨熱鬧非凡的F1賽事現場，觀賞全球首個夜間舉行的F1賽事——新加坡大獎賽。這場比賽於9月20日至22日在新加坡市中心濱海區街道舉行，賽道全長約5公里。新加坡F1賽車不僅帶來可觀的短期經濟效益，更鞏固了新加坡作為全球商業與旅遊樞紐的地位。

創造龐大觀光收入及財政稅收

根據旅遊平台數據，新加坡F1賽車門票價格從266新幣（約6,650台幣）起，最高可達6,337新幣（約158,425台幣）。此外，周邊飯店也紛紛推出結合賽事的高端服務。例如，金沙酒店的「至尊配套」價格高達10萬新幣（約250萬台幣），為四人提供VIP近距離觀賽、美食、住宿、交通、專屬管家、夜店體驗及賽後派對，單人費用高達62.5萬台幣。

為了從F1賽車帶來的經濟熱潮中獲取更多財政收入，新加坡政府自2008年起便針對賽事期間的飯店住宿實施特別稅收政策。政府對位於賽道周邊的飯店客房收入徵收特別附加費，稱為「重大活動稅」，稅率依酒店類別為15%至30%，以協助分擔賽事的籌辦成本。

這項政策的目的是讓受惠於F1賽車的飯店業者適當回饋，並支持政府對於基礎設施與公共活動的投資，讓整個活動有財政資源能持續舉辦。飯店業者普遍將此額外成本轉嫁至消費者，使賽事期間的住宿價格更為昂貴，但需求仍然旺盛。

帶動本地產業發展與國際投資

這項賽事也創造了大量就業機會，從賽事籌備、運營到現場管理，涵蓋酒店、餐飲、安保、活動策劃、運輸、建築及工程等多個領域。據統計，約90%的賽事籌備與運營工作外包給本地企業，有效促進新加坡就業與產業發展。

自2008年首次舉辦以來，新加坡F1賽車持續擴展，如今已演變為為期十天的F1賽車季，每年吸引約25至30萬名現場觀眾。除了賽事本身，新加坡政府亦規劃各類周邊活動，如會議、展覽、文化演出、音樂會與夜間派對，進一步提升國際觀光收益與本地娛樂選擇，並增強新加坡作為全球都市的吸引力。

為確保F1賽事成功，新加坡政府提供可觀補助，每年賽事總成本約1.3至1.4億新幣，其中政府負擔60%（約8,400萬新幣，約21億台幣）。然而，據估算，每屆比賽可帶來1.3億新幣的增量觀光收入，並大幅提升國際知名度與外國投資吸引力。

吸引高端國際客群 促進商務交流

新加坡F1賽車吸引大量高端國際旅客，據政府估計，每年有約10至12萬名高端旅客湧入新加坡，帶動住宿、餐飲、零售及娛樂產業發展。此外，F1賽車季期間，新加坡還舉辦多場國際高端論壇與商業峰會，例如：TIME100領袖論壇、福布斯全球CEO大會、米爾肯研究所亞洲高峰會。這些活動進一步促進國際交流、投資與商機，強化新加坡作為亞洲金融與商業中心的競爭優勢。

回顧過去14屆賽事，新加坡F1賽車已累計吸引超過55萬名國際旅客，創造超過20億新幣的增量旅遊收入，並透過電視轉播觸及全球

超過10億觀眾。此外，根據2019年數據，F1賽事帶來的國際媒體曝光價值高達7,000萬新幣，為新加坡塑造世界級都會形象，同時推動旅遊、商業與投資的長期發展。

新加坡F1賽車不僅是一場賽事，更是一場融合體育、娛樂、商務與旅遊的國際盛事，持續為新加坡創造龐大的經濟與戰略價值。

新加坡F1賽車
照片來源：作者拍攝，2024年9月22日。

第58章　補助泰勒絲演唱會穩賺不賠

國際巨星泰勒絲在2024年3月2日至9日在可容納55,000人的新加坡國家體育場舉辦六場演唱會，約三十萬歌迷從亞洲各地前來朝拜泰勒絲女神，帶給新加坡巨大的觀光商機與國際知名度。

泰勒絲到新加坡開唱進入倒數階段，樟宜機場集團搶先於2024年3月1日在星耀樟宜的資生堂森林谷舉行長達3小時的「絢麗奪目」演唱會，由新加坡歌手和樂團演唱泰勒絲歌曲，這場新加坡最大規模的泰勒絲粉絲活動為隔天正式開場的演出熱身。

六場泰勒絲演唱會的門票在前一年的2023年7月便已搶購一空，當時新加坡主辦單位採取歌迷先註冊登記、再抽選購票資格的購票方式，而且每個人限購四張票，每張票票價從最低88新幣（約2,112台

照片來源：iHeartRadioCA, CC BY 3.0 <https://creativecommons.org/licenses/by/3.0>, via Wikimedia Commons

幣）到最高1,228新幣（約29,472台幣）。

2023年新加坡當地居民（包括公民、永居、外派及工作簽證人員）只有592萬人，從新加坡及亞洲各地湧入2,200萬筆註冊登記的紀錄，要競爭購買30萬張門票。不論售票網站或實體售票地點都掀起瘋狂搶購潮，甚至有歌迷排隊36小時才搶到票，實體賣票在8個小時內便賣完。

旅遊平台KLOOK負責新加坡、馬來西亞及印尼市場的主管透露，多達60萬粉絲在線上排隊搶購包括演唱會門票及一晚住宿的套裝行程。

KLOOK在台灣也販售泰勒絲新加坡演唱會套票，2023年7月7日中午12點一開賣，超過60萬名用戶湧入APP搶購演唱會門票和住宿體驗等項目，包括兩張演唱會門票，四星級或五星級飯店住宿一晚，每人最多可購買4張門票，最貴一張套票要價11萬5千元台幣。

2023年底，新加坡金沙酒店開始銷售套裝行程的泰勒絲演唱會票券，最貴的Wildest Dream套案為5萬新幣（約120萬台幣，另加消費稅及服務費共19%），包括四張貴賓席門票、專屬禮包、演唱會周邊商品、米其林級餐點、豪華禮車接送及娛樂城獎賞錢。

媒體報導，演唱會場館附近的飯店與航班機位需求量增加大約三成。2024年甚至有報導，演唱會期間的酒店價格飆漲近三倍，有些二星級飯店從平日每晚新幣100元飆到超過400元（約合台幣9,600）。

野村證券估計，泰勒絲每一場演唱會帶來的收入大約是1,400萬美元，是所有流行歌星之冠。也就是說，在新加坡舉辦的六場演唱會，總收入大約是8,400萬美元（約合台幣27億）。

然而，星展銀行經濟分析師估計，泰勒絲演唱會帶動的相關旅遊收入為新幣3億元至4億元（約合台幣96億），或估計佔新加坡第一季國內生產總值的0.2%。

馬來西亞銀行經濟分析師也估計，泰勒絲巡迴演唱會相關的旅遊收入，可能達到新幣3億5,000萬元至5億元（約合台幣120億）。

新加坡是泰勒絲全球巡演的唯一東南亞站。據當時的泰國首相賽塔（Srettha Thavisin）公開透露，新加坡政府為每場泰勒絲演唱會，提供200萬美元至300萬美元的資助，條件是泰勒絲不能到其他東南亞國家舉辦這個巡演。

換言之，新加坡政府額外付出的成本約為1,200-1,500萬美元（約新幣2,000萬）的補助費用，換來的旅遊收入大約是新幣3億至5億元，新加坡旅遊淨收入將近2.8-4.8億新幣（約合台幣67-115億），這樁生意確實很划算。

根據新加坡的統計數據，演唱會對經濟貢獻不容小覷。2024年1月與3月，英國酷玩樂隊（Coldplay）和泰勒絲陸續在新加坡開唱。當年第一季的新加坡經濟成長率同比增長2.7%，但是藝術、娛樂和休閒業同比增長高達22.8%，住宿增長14.4%，交通與倉儲擴張6.8%，明顯高於其他行業的增長率。

第59章 平民小吃 vs. 頂級奢華餐飲

　　新加坡是擁有不同族群及各國移工的大熔爐，因此也是聞名國際的美食天堂，但外出用餐的費用差異很大。中檔餐廳一餐的費用約為每人20-40新幣，高檔餐廳一餐從數百新幣到上千新幣不等，而新加坡居民或上班族日常出入的熟食中心，不到10新幣就可以飽餐一頓。在這個物價日漸高漲的城市中，熟食中心仍然保有親民價格，是維持社會穩定的重要支柱。

　　這些熟食中心遍布全島，提供來自不同族群的美食，包括中式、馬來式、印度式的攤位，多元又道地，一頓美味的飯食通常只需5-10新幣，即使是外來遊客也能跟本地人一樣以低廉的價格享受新加坡的道地風味。

　　與此相對的是擁有多家世界頂級餐廳的金沙酒店，全球富豪在這裡購買奢華精品，米其林星級名廚也紛紛進駐，提供極致的美食體驗。在這裡用餐，一個人的餐費可高達1萬至10萬新幣一餐，與熟食中心的價格形成天壤之別，充分展現新加坡餐飲文化的兩極世界。

作者與新加坡中華料理泰斗黃清標大師合照
照片來源：作者拍攝，2023年6月30日。

金山樓、WAKU GHIN瞄準上流客群

來自台灣的黃清標大師，被譽為新加坡中華料理泰斗、廚界教父，在當地餐飲界享有極高的聲譽。他曾擔任新加坡同樂集團旗下湘園餐廳主廚，隨後在新加坡文華東方大酒店掌廚長達17年，奠定了他在新加坡中餐界的重要地位。2010年後，他受邀擔任濱海灣金沙酒店金山樓執行總監，為金沙酒店的高端中餐樹立了奢華典範，直至2019年退休。

黃清標的廚藝備受國際肯定，他曾在1984年獲得世界奧林匹克烹飪大賽金牌，並在亞洲烹飪大賽連續三屆奪得金牌，展現出卓越的烹飪技巧與創新能力。他不僅是國際烹飪賽事的金牌得主，更是華人餐飲界公認的中華廚藝傳奇人物。

黃清標告訴我，他在金沙酒店掌廚的金山樓，其高端餐飲的價格令人咋舌。一桌餐宴一般要價10萬新幣，每人約1萬新幣（合台幣24.5萬），而極致奢華的頂級鮑魚料理套餐甚至可達每人10萬新幣（合台幣245萬）。這些餐點選用全球最頂級的食材，如日本鮑魚、魚翅、燕窩、日本和牛、藍龍蝦等，並透過精湛廚藝呈現世界級的奢華饗宴。

另外，去（2024）年，一位來自台灣的朋友要帶領15位朋友前往新加坡開會，請我協助向金沙酒店內的米其林二星日式料理餐廳WAKU GHIN預訂16人包廂。經過聯繫後，餐廳回覆如下：

每位客人的最低消費為700新幣（約台幣17,150），且不包含飲料。因為該餐廳並無16人包廂，若要容納所有賓客，建議包下最多可容納24人的酒吧餐廳，但包場的最低消費需達2.5萬新幣（約台幣61.3萬元）。換算下來，即使僅16人用餐，不計飲料、服務費與消費稅，每人至少需負擔台幣38,280元。

新加坡建國初期，居住條件不佳，很多工人和居民選擇向路邊攤的小販購買食物解決三餐。後來，新加坡政府對小販進行集中管理，多數新加坡人延續在外用餐的習慣，全島組屋區有上百處位於「巴剎」（菜市場）旁的熟食中心，組屋區底層人聲鼎沸的咖啡店也有本地美食攤位，各個購物中心除了中高價位的餐廳，也都附設平價的冷氣食閣，這幾類餐飲場所都是新加坡人日常用餐的食堂。

　　2010年兩家附設賭場的綜合娛樂城在新加坡陸續開幕，米其林星級餐廳也紛紛湧入獅城，全球富豪在這些奢華的美食殿堂，可以享受上萬元新幣的極致饗宴，本地居民則在熟食中心、咖啡店及食閣選擇經濟實惠的多元美食，這些豐儉由人的飲食場所共同構成新加坡豐富且多層次的餐飲版圖。

第60章 熟食中心的道地南洋美食

　　2025年3月的一個中午，我與金門會館信託人陳篤漢夫婦及兩位台商朋友，共赴珍珠坊熟食中心，一同品嚐新加坡道地的南洋美食。這是每個月定期的美食約會，由美食達人陳篤漢帶領我們發掘最具代表性的新加坡平民美食。

珍珠坊熟食中心——新加坡飲食文化的縮影

　　位於新加坡牛車水（唐人街）核心地帶的珍珠坊熟食中心，是當地人與遊客都熱愛的美食聚集地。這裡不僅匯聚了各式南洋美食，更是新加坡多元飲食文化的縮影。

　　珍珠坊熟食中心隸屬於珍珠大廈，這棟建築自1970年代起便是新加坡最繁華的商業與住宅綜合體之一，至今仍然是當地人日常用餐的熱門地點。

　　熟食中心內部設計簡樸但功能性強，擁有超過350張開放餐桌，全天候吸引著上班族、居民與遊客。這裡的餐點價格親民，從傳統潮州料理、客家風味、福建炒麵、海南雞飯到各式南洋甜點，應有盡有，是美食愛好者的天堂！

兩大人氣美食：陸記潮州滷鴨及永祥興豆腐

　　為了不錯過珍珠坊的兩大人氣美食——陸記正宗潮州滷鴨與永祥興豆腐，陳篤漢夫婦特地在早上十一點就來卡位，並提前預訂了一份

新加坡珍珠坊熟食中心的永祥興豆腐
照片來源：作者拍攝，2025年3月6日。

與新加坡朋友品嚐珍珠坊熟食中心美食
照片來源：作者拍攝，2025年3月6日。

滷鴨，以確保我們能在中午十二點順利開吃，否則就得排上長長的隊伍！

◎ 陸記正宗潮州滷鴨：滷鴨風味醇厚，滷汁充分滲入鴨肉，皮Q肉嫩，搭配白飯或米粉，令人回味無窮！半隻滷鴨售價26新幣，份量十足，物超所值。這家攤位人氣爆棚，沒事先預訂的話，往往要排隊等上好一陣子。

◎ 永祥興豆腐：每天中午十二點準時開賣，一開店便吸引長達二十公尺的排隊人潮！這家攤位主打新加坡傳統的客家風味豆腐，一份6新幣，湯頭鮮美，豆腐細嫩，每一口都充滿濃郁的家鄉味，難怪深受當地食客喜愛。

這兩家熟食攤生意火爆，往往在下午兩點前就銷售一空，想品嚐的朋友千萬記得提早來排隊！

裕華村熟食中心──米其林必比登名店「載順咖哩魚頭」

另外，新加坡朋友曾邀請我前往裕華村小販及熟食中心，品嚐當地經典料理。即便是平日中午，整個熟食中心依然座無虛席，可見其受歡迎程度！

這裡最具代表性的美食，非「載順咖哩魚頭」莫屬。這家餐廳已經連續六年榮獲米其林必比登推介，不僅吸引了大量新加坡老饕，更有許多國際遊客慕名而來。咖哩魚頭的湯頭濃郁香醇，魚肉鮮嫩入味，每一口都充滿南洋風情，是不可錯過的經典佳餚！

熟食中心──庶民的美食天堂

新加坡的熟食中心是當地飲食文化的重要支柱，不僅價格親民，更能品嚐到來自不同族群的經典美食。這些熟食中心匯聚了華人、

馬來人、印度人與歐亞裔的傳統料理,充分展現了新加坡的多元文化特色。

熟食中心的歷史可追溯至1960年代,當時政府為了管理街頭小販,將他們集中至設施完善的熟食中心,提供乾淨、衛生的用餐環境。如今,新加坡共有超過110個熟食中心,其中許多攤位獲得了米其林必比登推薦或米其林一星的殊榮,例如:

- 老巴剎(Lau Pa Sat):融合傳統與現代元素的熟食中心,以沙嗲和海鮮料理聞名。
- 麥士威熟食中心(Maxwell Food Centre):擁有新加坡最著名的海南雞飯攤位之一——「天天海南雞飯」。
- 牛車水大廈熟食中心(Chinatown Complex Food Centre):這裡的「了凡香港油雞飯麵」曾獲得米其林一星,是世界上第一家獲得米其林星級的小販攤位。

熟食中心的嚴格衛生標準

新加坡政府對熟食中心的管理十分嚴格,特別是在衛生清潔方面,主要由國家環境局(NEA)負責監管。每個熟食攤位都需接受定期的衛生評級,分為A、B、C、D四個等級,評級結果必須公開展示,讓消費者能夠清楚知曉該攤位的衛生狀況。

為了維持標準,NEA會定期派出稽查員進行突擊檢查,一旦發現食品存放不當、食材變質或工作區域不潔等問題,攤販可能面臨罰款、暫時停業,甚至撤銷執照的處分。

除了監督,政府也要求所有熟食攤販必須接受基本食品衛生課程,學習如何妥善處理食材、預防交叉污染、保持個人衛生,並通過考試取得食品處理人員執照。這項執照並非一次性取得,必須定期更

新，以確保攤販持續符合食品安全標準。

為了保持環境清潔，所有熟食中心每年都需進行四次大掃除，這段期間所有攤販都必須關閉攤位，進行徹底清理與消毒。此外，NEA會定期安排害蟲防治，防止鼠患或其他衛生問題的發生。政府近年來也大力推動「自助回收托盤」系統，鼓勵食客主動歸還餐具，減少食物殘渣留在桌面，提升公共用餐環境的整潔度。

熟食中心的餐點價格親民，一般主食價格約在5至10新幣，無論是海南雞飯、福建炒麵、肉骨茶、印度烤餅、馬來椰漿飯，都能在這裡找到最地道的風味。這裡不僅提供全球知名的南洋美食，而且維持著高度的公共衛生標準，更能感受新加坡獨特的城市活力、人情味與社會氛圍！

啟思路24　PF0367

新加坡六十年：小國大智慧的故事

作　　者	童振源
責任編輯	鄭伊庭
圖文排版	楊家齊
封面設計	王嵩賀

出版策劃	釀出版
製作發行	秀威資訊科技股份有限公司
	114 台北市內湖區瑞光路76巷65號1樓
	電話：+886-2-2796-3638　傳真：+886-2-2796-1377
	服務信箱：service@showwe.com.tw
	http://www.showwe.com.tw
郵政劃撥	19563868　戶名：秀威資訊科技股份有限公司
展售門市	國家書店【松江門市】
	104 台北市中山區松江路209號1樓
	電話：+886-2-2518-0207　傳真：+886-2-2518-0778
網路訂購	秀威網路書店：https://store.showwe.tw
	國家網路書店：https://www.govbooks.com.tw
法律顧問	毛國樑　律師
經　　銷	聯合發行股份有限公司
	231新北市新店區寶橋路235巷6弄6號4F
	電話：+886-2-2917-8022　傳真：+886-2-2915-6275

出版日期	2025年7月　一版
	2025年7月　二刷
	2025年8月　三刷
	2025年10月　四刷
定　　價	490元

版權所有・翻印必究（本書如有缺頁、破損或裝訂錯誤，請寄回更換）
Copyright © 2025 by Showwe Information Co., Ltd.
All Rights Reserved

Printed in Taiwan

國家圖書館出版品預行編目

新加坡六十年：小國大智慧的故事 / 童振源著.
-- 一版. -- 臺北市：釀出版, 2025.07
　　面；　公分
BOD版
ISBN 978-626-412-098-2(平裝)

1. CST: 國家發展　2. CST: 新加坡史

738.7　　　　　　　　　　　114005469